青春文学精品集

幸福是 悄悄长高的时光

《语文报》编写组　选编

时代文艺出版社

图书在版编目（CIP）数据

幸福是悄悄长高的时光 / 《语文报》编写组选编.
-- 长春：时代文艺出版社，2022.3
（青春美文精品集萃丛书. 幸福系列）
ISBN 978-7-5387-6983-8

Ⅰ.①幸… Ⅱ.①语… Ⅲ.①作文－中小学－选集
Ⅳ.①H194.5

中国版本图书馆CIP数据核字(2022)第028941号

幸福是悄悄长高的时光

XINGFU SHI QIAOQIAO ZHANGGAO DE SHIGUANG

《语文报》编写组　选编

出 品 人：陈　琛
责任编辑：邢　雪
装帧设计：任　奕
排版制作：隋淑凤

出版发行：时代文艺出版社
地　　址：长春市福祉大路5788号　龙腾国际大厦A座15层　（130118）
电　　话：0431-81629751（总编办）　　0431-81629755（发行部）
官方微博：weibo.com/tlapress
开　　本：650mm×910mm　1/16
字　　数：135千字
印　　张：11
印　　刷：永清县晔盛亚胶印有限公司
版　　次：2022年3月第1版
印　　次：2022年3月第1次印刷
定　　价：38.00元

图书如有印装错误　请寄回印厂调换

编　委　会

Contents
目　录

那一刻，我长大了

时光贵在珍

别样的风景

记忆的色彩

幸福是悄悄长高的时光

美丽的夜晚

天空调色板

那一刻，我长大了

学习贵在真

赵 瑞

学习，作为走向成功的必要因素，它是那么重要。

在漫漫人生路上，学习就如一个婴儿，慢慢地成长、成熟，最终获得独立与成功。它在每一个阶段里，都有着一个信念：踏实。

没错，要想学得好，必先踏实学。因为一次次的学习，都将会成为人生路上明亮的灯塔。

刚上学的我，以为有无尽的时间会等着我，任我摆布。学习，在那时也变得那般无用，仿佛每一天我都是为了任务而学习，而上课的教室也成了我的半个娱乐场所。然而，时光在不停地流逝着，在我的学习进程中刻下"悔"字。如今，升入高年级的我，似乎慢慢懂得了、悟出了学习的真谛：踏实，由曾经的不时开小差到如今的聚精会神，由曾经的忽视学业到如今的重视学业，我开始在课堂上认真听讲、与老师互动，我学会了课后仔细地完成作业，我也做到了在课前短暂地预习。尽管刚刚经历了"悲惨"的期中考试，但我相信这样学下去，成功就在不远处。

就如数学，起初，我并不是很适应这门"奇怪"的学科，但我却在这门"奇怪"的学科中摸索出了"奇妙"的方法：上课认真听讲，脑中不停思考，课后独立完成作业，随时做到不懂就问。就这样，我一直努力着、奋斗着，果不其然地在考试中取得一次又一次进步。

踏实，你虽不能做到百分之百，但你却可以竭尽全力地实践踏实，怀着一个坚定的信念，踏实地拼搏与努力，这样，成功才会离你愈来愈近。

学习贵于真，希望我们都拥有这个真，去驶向成功的彼岸。踏实学习，将演绎别样的角色。在人生之路，希望我们都因它而到达梦想的远方。

那一刻，我长大了

友谊贵在真

李娜娜

"如果不是你，我不会相信，朋友比情人还死心塌地。我的弦外之音，我的有口无心……"范玮琪的歌萦系耳畔。你与我，一个像夏天，一个像秋天，可能把冬天变成春天。

那一年，阳光正好，微风不燥，你与我在树下荡秋千相识。在那个甜蜜纯真的年代，我们怀着一颗憧憬未来的纯真童心，在人海之中相遇相识。我们一起，曾在家乡那棵古老的槐树下，抚摸岁月在枝干上留下的沧桑痕迹；也曾偷偷爬上屋檐，一起仰望星空，幻想着嫦娥的舞影翩跹，牛郎织女的鹊桥相会；曾坐在小溪边，看沉鳞竞跃，嗅芳草清香。那时的你与我，有世上最真最美的童真。

渐渐长大的我们，都慢慢蜕下了那层幼稚的外皮，开始理性，开始变得实际。我们之间，少了阳光下的游戏，少了旋转木马上的欢笑，少了携手狂奔的肆意。离别总是伴随着相遇而来，像是既定的命运，每个人都逃不过一场场离别。生活中，你的身影似已消逝无踪，却又无处不在，到处是你遗留下的痕迹，让我能在闲暇之时，回顾往昔的点点滴滴，重温旧年的温馨。

空气中仍残留着你掌心的温度，一如既往的温暖。曾一起度过的流年，化为一缕芬芳，沁人心脾。我意识到，你在我身边相伴，从未走远。我相信，离别，是为了下一次重逢。

时光总在不经意间从指尖流逝，似已习惯了这离别的岁月。海上生明月，天涯共此时，即使如今的我们已天各一方，但那深深羁绊却无法被斩断。从远方而来的书信，饱含你淡淡的关怀与思念，使我能在蓝天布满阴霾时，静候天光破云；你充满鼓励的话语，让我能在泥泞里重新站起，一路披荆斩棘；你清秀的笔迹，能让我在孤寂时感到来自你的温暖。你说，你要来看看我，你可知我脸上已笑开了花。我知道，陌上花开，归期将至。

到如今，纵使相隔万里，幸得有你的陪伴，造就未来坚强幸福的我。你与我之间，那谊，亦真亦美；那情，亦深亦浓。

那一刻，我长大了

成　功

曾芳芳

　　"成"是"功"的积累，"功"是"成"的基础，只有牢固的基石加上长年累月的积累，才能铸就成功。就如"水滴石穿非一日之功"的道理一样，只有不断努力、不断坚持，才可击穿顽石。生活也是一样的，只有不断地积累生活经验，汲取生活中的教训，我们才会活得更精彩。

　　古代著名的王羲之，自幼刻苦练习书法，每次练完字就去池边洗毛笔，最终，池中的水变黑，王羲之终成一代书法大家。王羲之幼时不断为书法打下坚实的基础，从而成为古时著名的书法家，千古流芳。

　　成功其实很简单。成功的面前总有一座座高峰，我们只要勇于攀登高峰，不要退缩，克服困难，一座座高峰会使你眼界开阔，受益匪浅。之后，你将发现，成功距你只有一步之遥。当然，成功的路上遍布荆棘，每一个障碍都要毫不犹豫地跨过；每一次跌倒，都要坚强地站起来；每一次失去方向，都要努力地寻找黑暗中的那丝光芒……

　　有成功，就会有失败、挫折，就像培根所说："失败是成功之母。"伟大的发明家爱迪生的一生，完美地诠释了这句话。他对电灯方面的研究，使人类开辟了一个新的里程碑。我们应该好好想一想，如果他没有长年累月的积累和克服困难的勇气，是否还有他当时的成功和我们今天舒适的生活呢?

所以，成功其实并不难。只要有坚实的基础与长年累月的积累，加上敢于克服困难的勇气，不断地总结失败教训，我相信每个人都能成功。要知道，没有永恒的失败。

我喜欢的季节

崔羽嫣

一年四季中，我最喜欢的是夏天。

夏天热闹极了。白天，火辣辣的太阳烤着大地，似乎能把人烤焦。因此，皎洁的月亮和满天的繁星更吸引人。太阳公公一下山，人们便纷纷从屋子里走了出来。有的在乘凉；有的趁晚上出来运动运动，舒展一下筋骨；还有的小朋友，忙着捉迷藏，玩得好不开心。知了也来凑热闹，"知了、知了"不停地叫着，仿佛在给夏之夜伴奏。

与其他季节不一样的是，夏天有时会有一场说来就来的雨。有时候下的是小雨点。雨点"滴答、滴答"地落在地上、雨伞上、玻璃窗上，像在演奏一首优美的乐曲。而我就喜欢隔着玻璃窗看雨。透明的雨点落在窗户上，宛如一根根针，却又比针更细、更长。有时候下的是狂风暴雨。下雨前，天空似乎还需要酝酿一下情绪。这时，一道闪电在不远处划过，快得让你看不清它是亮黄色还是暗黄色。一阵"轰隆"声随之而来。等天空摆好了架势，只听"唰"的一声，大雨倾盆而下。豆大的雨点在地上溅起了无数个泡泡。这雨来得快，去得也快。十几分钟后，天空又恢复了以往的平静。

听完我的介绍，你也喜欢上夏天了吗？

云 儿 洁 白

张 炫

抬头仰望天空，不必说火红的太阳，不必说满天的繁星，不必说弯弯的月亮，单说那朵朵白云，就有数不尽的故事在我心头升起。

依稀记得在我幼儿园时，没有作业，而我当时最大的爱好就是看云。躺在草地上，枕着手臂，便能以最舒适的方式看云了。只见朵朵白云慢悠悠地飘着，不像飞机急匆匆的，也不像太阳一动不动。它像极了棉花糖，我真想放到舌尖细细品味，那一定比棉花糖更甜，却又甜而不腻。

吃过晚饭，夕阳西下。太阳把白云染成了各种颜色，红色、黄色、紫色、橙色……只可惜没有蓝色、绿色这类的颜色。我不禁在脑海中畅想：如果有绿色的云，会是怎样的呢？它绝对不会逊于冰川上的极光。如果是蓝色的呢？会不会与蓝天融为一体，看不出哪儿是天，哪儿是云了呢？

有一次，两三秒前还阳光明媚，可一眨眼，天空便乌云密布，摆出了要下暴雨的架势。大家都拼命往家里跑去，唯独我慢吞吞的，三步一抬头，欣赏着天空中的云朵。瞧！那边，是天空在模仿齐白石大师画的竹子，这边是我家小区里的高楼，还有旁边那个，是外婆家的老母鸡正对着我"咕咕咕"地叫着。竹子、高楼、老母鸡，构成了一幅大师级别的水墨画。

每次我看云，都能想到许多有名的诗句。比如李白的"众鸟高飞尽，孤云独去闲"，比如贾岛的"只在此山中，云深不知处"，比如杜牧的"远上寒山石径斜，白云生处有人家"。还有很多很多，我无法一一列举。

抬头仰望，天儿蔚蓝，云儿洁白。

迷人的深秋

冯翔宇

　　叶子黄了，渐渐落了下来，好似上千只蝴蝶翩翩起舞。秋天，虽然不像万物复苏的春天那样有生气，也不像绿树成荫的夏天处处充满生机，但它却以诱人的金黄色的果实，吸引着人们。秋天是迷人的。

　　清晨，空气是清新的，天空是迷离的。太阳温暖的金光开始亲吻我的面颊，那么温柔，那么真挚，就像是一位慈爱的祖母抚着她的孙儿。

　　在天高气爽的秋季中，小枣红了，葡萄熟了，高粱的腰也弯了……有时候，白杨树上的叶子被秋风带走，像一个个美丽的姑娘在那里翩翩起舞，无数叶子在空中飘荡，使人流连其中，无法自拔。

　　每日，朝阳升起，把秋天照得异常明亮。由秋收的果实点缀的田野，绚丽多彩，风吹动树叶沙沙作响。一片片树叶，随风悠悠荡荡地飘落，它在生命的最后旅程中，给这个世界留下了美好的印象。

　　深秋，草坪上的草像一张金黄色的地毯铺在地上，树上枯黄

那一刻，我长大了

的叶子飘落在草坪，飘荡在池糖中，只有松树依然高大挺拔，叶子仍然郁郁葱葱。花坛里的一串红像正在燃烧的火焰，一朵朵白菊花像用象牙雕刻成的绒球，在一串红的映衬下傲然挺立，美极了!

我认为没有任何季节比秋季更迷人，我爱迷人的深秋。

迷 人 的 夜

刘晓昱

"宁静的夏天，天空中繁星点点……"这一首歌把我心中的夜真真切切地唱了出来。夏天的夜晚在我看来，有一种与众不同的韵味。

晚风习习，行走了一天的太阳，终是挨近了西面的大地，却显得更大、更圆、更红。

太阳刚刚钻进地平线，西边天上就聚起一大片红色的霞，红得迷人。当霞光消失的时候，星星便捷足先登了，在天空中放射出璀璨夺目的光芒。

夜色渐渐浓了，星星越来越多。满天星斗把自身点点光亮交织在一起，虽没有太阳那么明媚，也不像月光那么清澈，但也是明亮的，仿佛照进了人们的心。像用细碎的流沙铺成的银河，斜躺在苍穹中，那么长，那么宽，似乎能听到哗哗的流水声。它在和那银河两岸的星星眨着眼，与地上的灯光遥相辉映，别有一番情趣。

月亮上来了，是一弯弦月。她清亮而温柔，极像一位姗姗来迟的仙女。月亮一露面，就把满天的星星惊散了。月亮像一只弯弯的小舟,泊在夜空中;月亮又像一只香蕉,搁置在天空的盘里,惹着地上的小孩儿张开嘴,盯着不放。银光洒满了小院、村庄、城镇、大地,让人宛若进入银色的世界。

啊!初夏的夜,静谧安逸!那份与众不同的韵味让我陶醉。

夜　来　香

张宛霞

　　有那样一抹色彩，扮靓我的人生。那是一抹紫色，淡淡的紫，衬着少许绿叶，散发着阵阵幽香。它，开了。

　　也不知哪一天，爸爸竟给我带来一抹极美的紫。那是夜来香，即使只是一颗种子。后来，它默默地开了花。可我总是看不到它盛开，因为每次开花都是在我睡了之后。

　　今夜，我刚刚躺下，突然闻到了阵阵花香。这是什么味呢？我闻了闻，起身望向窗外，皎洁的月光洒向了那一抹紫色。微风吹拂，它轻摇着身子，好像在向我点头致意。那淡紫色的花瓣，宛若仙女的裙摆。我穿好衣服走到那紫色之前，静静地等待着它发香。不一会儿，那一抹紫色便露出了一张和煦的笑脸，接着又打开了几个大花苞，散发出沁人心脾的独特清香。此时，只要你打开心灵，就能够感受到这一种清香的独一无二。这淡紫色的清香，不像玫瑰花那么浓，也不像月季花那么平淡，这淡紫色的香有几分浪漫，有几分欢乐的奔放，还有一种高贵的气质。在微风的吹拂下，夜来香的曼妙飘在风中，使人心旷神怡。

　　这一抹紫色，意味着什么呢？意味着这一抹紫色是无私的，是默默无闻的。一抹紫色，开在别人熟睡的时候，极力散发着清香，而到早上的时候就凋谢了。这淡淡的紫色，不正像老师们的品格一样吗？他们总是备课到很晚，为学生付出，却不会向我们索取什么。

小小的夜来香，淡淡的紫色，伴随着我慢慢成长。

绽　放

刘菁华

每一个生命都是不平凡的，每一项运动也是绚丽多彩的。

太原马拉松大赛拉开帷幕，全民运动，全民参与，运动员们在阳光下踏上马拉松的征程。全长几十公里，大家挥洒着汗水，体会着快乐，毫无懈怠，一步一个脚印地朝着终点跑去。人山人海，人影攒聚，只为心中那股不屈的信念，尽力去绽放生命的光彩。坚持不懈，勇往直前，一颗颗汗珠从面颊滑落，脑海中凝固着一股信念，朝着终点奋力奔去。

比赛落幕，多少人为之洒尽汗水。斜阳映衬的颁奖台，昏黄的阳光代表着一种特殊的荣誉。颁奖台上的众人，都是付出了才得到回报。漫漫马拉松路，他们究竟挥洒了多少汗水，我想，只有他们自己清楚。

人的一生是短暂的，是不平凡的，但却不一定是精彩的。将生命绽放出精彩的方式有许多种，运动只是沧海一粟罢了。但运动可以直接展现出生命的精彩，毕竟有一句话说："生命在于运动。"生命不息，运动不止。我们要在有限的时间里，将生命绽放出无限的光辉。马拉松大赛将一个人的意志与信念充分展现，漫长的路程，只有寥寥几人跑完全程，其余的人都半途而废，坚持与放弃，就在一念之间。

生命在于运动，运动可以更好地使生命绽放出光辉，绽放出属于它的精彩。

动 与 静

芸　菲

　　夏夜很美，它的静态美和动态美，都深深打动人心，让心灵的艺术家默默地雕刻出这幅永恒的艺术品。夜未深，缕缕微风拂来，送来阵阵凉爽。听，虫子在说悄悄话呢！蟋蟀在草丛间跳来跳去，发出"吱吱"的响声；飞蛾在灯盏下飞来飞去，"嗡嗡"地震动翅膀。劳累了一天的人们吃过晚饭纷纷出来散步、聊天，大人们聊着不同的话题，小孩儿们游戏时嘻嘻哈哈，和虫子们的叫声响成一片，真是一派热闹的景象。夜深了，鸟儿们回窝了，大人和小孩儿也都回家准备休息，四周渐渐变得静寂了。远远的，墨蓝的夜幕中那亮白的星星，闪闪烁烁，偶尔一架飞机闪着红绿交替的光掠过。一盏盏路灯像一个个忠诚的士兵笔直地站在路旁，发出柔和的、淡黄的光。路灯在草地上斜斜地打出一个圆圆的光影，光影外那翠绿的草像观众，欣赏着光影内黄绿的草儿舞动。一旁，粉红、深紫、鹅黄的花朵，一改白日里的蔫头耷脑，神清气爽地点头微笑；绿绿的柳枝在柔和的夜风里跳着优美的华尔兹……

　　夏之夜很美，它的动态美和静态美相结合，让这幅永恒的艺术品充满了传奇的色彩。

昌平的美

潘 秀

我居住在北京这个美丽的大花园。园中盛开着深紫的、浅红的、鹅黄的花朵，我觉得就数昌平这朵花开得最鲜艳、最明丽。来逛逛我们昌平吧。

昌平自古以来就是一块风水宝地。明朝历代皇帝都在这里建立陵墓并长眠于此——这就是十三陵。在十三陵的神路景区，整齐地排列着二十四只石兽和十二个石人，造型生动，雕刻精美。看着这些石兽，就好像进了一个动物园，我仿佛听见了狮子"嗷嗷"的吼声、马儿"咴咴"的嘶鸣声、"嗒嗒"的马蹄声和大象"砰砰"的沉重脚步声，好热闹啊！狮子的眼睛瞪得大如铜铃，冒着凶光，胡须和头发黄澄澄的，一根根立了起来，龇着一口惨白的牙齿，仿佛看到自己垂涎已久的猎物被别人瓜分，仿佛看到自己的领地被别人侵犯，还仿佛不满我们打扰了这里的宁静，想把我们驱逐出去。往前走，是威风凛凛的战马。仔细观察，石马身上居然没有马鞍，我听说是因为把兵器入库，马放南山，表示天下太平，显示明朝皇帝的丰功伟绩。这里的石像构思巧妙，十分有趣。

再来尝尝我们这儿的草莓吧。兴寿的草莓闻名遐迩。熟透的草莓红红的，宛如一颗颗璀璨的红宝石镶嵌在碧绿的翡翠中，宛如红红的小太阳在翠色欲流的草原上冉冉升起，又宛如一面面小红旗在绿色的春风中飘扬。它散发出甜蜜诱人的香气，闻起来既有牛奶的奶香，又有花蜜的甜香。吃起来甜丝丝的，鲜嫩多汁，格外细腻，让你吃得停不下来。

神路石像肃穆生动，兴寿草莓又香又甜，昌平名胜很多，特产也很多，随时欢迎你来这里看看。

江 边 漫 步

徐一凡

夏天的夜晚，我们走出家来到江边散步，一阵清新的空气向我们扑面而来。

江边朦朦胧胧的，水面上倒映着远处的灯火，像一根根彩色的冰柱。江边有很多人，有的在散心，有的靠在江边的栏杆上休息，有的在遛狗，还有的在钓鱼——鱼竿上挂着彩色的灯，好像是为了引诱鱼儿上钩才这么做的。

江的旁边有几个白色的小亭子，顶上发出彩色的灯光，在夜晚的衬托下像一个个彩色的小蘑菇。我们走着走着来到了一个小广场上，那里有很多人在跳广场舞，他们要么三五成群，要么两两一伙。

我爱夏夜的江边。

雪花·泪花·鲜花

李秀梅

在一个世界著名的大城市里，年仅八岁的小玛莉独自坐在圣菲尔广场上的神像前。她不住地哭泣，神色悲哀。原来小玛莉的妈妈得了一种怪病，远近的医生看了都摇头。要知道，玛莉的爸爸在穿越大西洋到巴西挣钱的时候，因船触暗礁沉没而葬身海底，玛莉的家里还有好几万美元的外债。小玛莉只有妈妈一个亲人了。她和妈妈相依为命，而现在，妈妈也……小玛莉的眼泪又像断了线的珠子落在雪地上。

雪还是纷纷扬扬地下着。富户的房子里不时飘来饭菜的香味。要知道，这是圣诞节之夜啊！

"玛莉！""玛莉！"远处传来了喊声。人影渐渐靠近了，玛莉站起来，抖了抖金发上面洁白晶莹的雪花。啊，原来是好伙伴汤姆、约翰和伊丽莎白。他们是打算把玛莉和她妈妈接到自己家过圣诞节的。玛莉同意到伊丽莎白家。

夜幕降临了，四个好朋友边走边说话。玛莉凝视着漆黑的夜空，思索着，突然，一朵金黄色的鲜花随着风雪飘落下来。玛莉好奇地接住它，发现花茎上系着一张来自花仙子的纸条，上面写着："赠给品德最好的少年。这朵花可以满足你的一个要求。"

玛莉眼睛一亮，小伙伴围拢过来，玛莉把自己的想法——给母亲治病说了出来，伙伴们都高兴得直跳。正当他们高兴的那一瞬间，一阵黑风吹来，霎时天昏地暗，雪花经受不起黑风的袭击，变得又黑又丑，那朵金黄色的鲜花一下子被吹在了空中，顺风飘去，一会儿就无影无踪了。

玛莉和小伙伴们被吹得头晕目眩。玛莉惊恐地、茫然地望着黑风远去的地方，那朵神奇的金黄色的花也夹杂在里面。

花仙子出现了。她对玛莉说："这是大鼻子黑风怪把宝花抢走了。黑风怪有一个弱点，那就是害怕红色的鲜花。你采一万朵红花，把花瓣压碎，然后搓成红丸，在晚上11点钟时到阿尔卑斯山脉的断壁前举起红丸，说：'红丸到，壁断开！'岩壁就会裂开一条缝。你进洞，趁黑风怪睡觉的时候把红丸塞进黑风怪的鼻子里，那黑风怪就死掉。你赶快找出宝花，务必在12点钟前走出岩壁，不然你将被终生困在里面。"花仙子说完就不见了。

伊丽莎白照顾玛莉的母亲，玛莉、汤姆和约翰出发寻找宝花。他们先采集了一万朵红花，按要求搓成红丸，然后来到断壁前，进了岩洞，想不到把黑风怪吵醒了。黑风怪穷凶极恶地朝玛莉扑过来，玛莉往旁边一躲，照准黑风怪的鼻子就把红丸扔了过去。恰巧，黑风怪打了一个哈欠，鼻子往上一抖，那红丸不偏不倚地射进黑风怪的鼻子里，黑风怪尖叫了一声，倒在地上死了。玛莉急忙从黑风怪的枕头底下取出金黄色的宝花，拉着吓坏了的约翰和汤姆往外跑。汤姆一出洞，那洞口马上合死了。

玛莉、约翰和汤姆回到家时，已经是黎明时分了。玛莉拿着宝花说："让我妈妈的病痊愈吧！"奇迹出现了，妈妈病好了，破旧的茅屋一下子变成了豪华的大庄园。这时候，玛莉流下了激动的泪花。玛莉请周围的穷人来到这个大庄园里住，大家一起幸福地生活着。

那一刻，我长大了

贾心蕊

长大，对我来说像是如成人一样，变得严谨威风。生活中总有一些瞬间，让"长大"不再那么遥不可及。

"贾心蕊！"一声厉喝似乎要穿透我的耳膜。我也不甘示弱，朝着喊我名字的那个女人——我的妈妈，大声地回了一句："干吗？"这么大声干什么？我又不是聋子！我不满地翻着白眼。

"你对我说话这是什么语气？胆子大得很啊？你考得这么差还在这儿心安理得地看电视！"我妈看见我的白眼，也在怒瞪着我。

"哎呀，烦不烦，我不就这一次没考好吗？再说了，我所有作业都写完了，凭什么不能看电视……"

这注定是一场持久的口水战。战斗双方你不让我，我不让你。我妈妈性格要强，脾气又烈；我认为我长大了，是大孩子了，不想干什么都听大人指挥。所以，我俩吵起来通常都没结果，最后还得靠我妈的"武力"解决。

但是，这次吵着吵着，我发现妈妈不见了。我这才想起，刚才她摔门而出，丢我一个人在家了。可我要面子，才不管呢！我看我的电视呗！

越来越不对劲。我看了眼手表，已经晚上9点多了，妈妈还没回来。我打开家门，外面一个人也没有。我慌了，到处找手机，准备给妈妈打电话。拾起手机一看——没电了！怎么关键时刻掉链子！

此时，我的腿发软，无力地瘫坐在地上。早知道这样，我就不和妈妈吵了！这世上若有后悔药该多好！两滴泪在眼眶里打转。虽然我们总是吵架，我还总顶撞她，但妈妈不在身边，我是真不习惯！

隐约中，耳边传来鞋跟与地面碰撞的声音，抬头，一张纸巾递到我眼前——妈妈回来了！

我拉住妈妈的手，哽咽道："妈妈，我……我以后不会这样了……"

妈妈拍拍我的肩膀："你长大了，是大孩子了，妈妈知道用强硬的方式管不好，所以你要学会自觉。"

嗯，妈妈，我好像懂了。不愿受大人管教，不顺从爸妈的意愿，这不叫长大。长大，可能就是知道改正自己的一个错误，自立自觉地管住自己的一个过程。就在我抱住妈妈的那一瞬间，我明白了什么是真正的长大。

捡起的是什么

李　博

坐在15路公交车上，我大口大口地呼吸着新鲜的空气，一边慢慢地拍着胸膛，一边在为刚才的"险情"担心着，真是心有余悸啊！

我喜欢在放学之后吃几串烤面筋，那滋味，啧啧，让人茶不思，饭不想！可从今往后，我一辈子也不可能吃烤面筋了！不，是不敢吃了！要问为什么，那就请听我细细道来。

我今天下午放学后，肚子里的馋虫又不老实了，蠢蠢欲动。望着香喷喷的烤面筋，我咽了咽口水，舔了舔嘴角，正准备上前大饱口福之时，只见那店主鬼鬼祟祟的，这引起了我的好奇，我便仔细观察了起来。

只见那人东张西望，两只眼珠在眼眶中转过来转过去，不怀好意地望着每一个路过的人。趁人少之时，他迅速从地上捡起一个东西，以迅雷不及掩耳之势，把那个东西塞入塑料袋。哇！好快啊，但还是被我看得一清二楚。什么？竟然是面筋？我气愤极了！就在这时，来了一位买面筋的倒霉女士！"老板，来两串，不要辣椒！""好嘞！"只见他熟练地把从地上捡起的面筋沾上孜然粉，递给了那个女士。

　　"怎么能这样！"我失声大叫了出来。他捡起来的仅仅是面筋吗？不，不是的，他捡起了贪婪！他丢弃了一个商家该有的诚信！食品安全十分重要，他这么做不仅是对自己的不负责，更是对消费者的不负责！

　　他捡起的到底是什么呢？丢弃的又是什么？人们总是如此贪婪，为了利益不惜一切代价！君子爱财，取之有道！可有些人，却捡起了这个世上的罪恶，丢弃了这个世上的美好！

时光贵在珍

小 花 园

张子璇

　　远远地，我看见几棵柳树围着一颗"绿宝石"，金色的阳光浮在水面上，微风拂过，浮动的光便闪了金色，衬得那潭水更加碧绿，映出一座古色古香的石桥，像一条纯白的纽带，连着那覆满爬山虎的九曲回廊，别有一番江南水乡的滋味。

　　那廊上总是坐着几个背书的学生，低声诵读着那晦涩难懂的古文，听得并不真切，但却给这宁静的画卷添了一笔生动。在这午后阳光的笼罩下，伴着低低如絮语一般的背诵声，碧波平静，微风缕缕，我恍惚中进入了一个宁静的梦境，不忍醒来，唯愿那种宁静能够存留得久一些，再久一些。

　　可是总有几个调皮的学生，从远处嬉笑着跑来，人影还没看见，银铃般的笑声却早已远远传来，好似要为这梦境添上一抹欢乐的色彩。可是好学的孩子们依然专心地继续着那梦的絮语，编织着那恬静的梦，让人醉在那片湖光水影之中，久久无法自拔……

迷人的黄昏

李欣怡

看到地上长长的影子，我就知道黄昏已经悄悄地降临了。看，她穿着橘黄色的衣服，像一位害羞的少女似的。她嘴角微微上扬，向为她送别的人打招呼，即使她在向天边走去，在渐渐地离开我们。看着她那让人如痴如醉的背影，真让人恋恋不舍！

我抬头望向天空，只见太阳刺眼的光芒已经不在，反而多了几分柔和。天空中的云朵十分淘气，似乎对他们眼前的景色不太满意，一直在到处乱窜，一会儿变成诱人的金色棉花糖，一会儿变成可爱的小狗，一会儿变成帅气的骏马。瞧，那边多了一个豪华的宫殿。太阳的光辉越来越淡，我站在高处，眺望着远方的晚霞，感到人间仙境一般的美好。

时间一点儿一点儿从指尖流过，从眼前跃过，不知不觉间，又到了一个秋收的时刻，这让我不禁想起了我的家乡……

站在一座小桥上，一抹夕阳的余晖洒在远处的田野上，一切看上去都是那么完美。一片玉米已经被收割完了，只留下一片黄色的玉米根。橘红色的夕阳与金黄色的田地交融在一起，这样并没有影响到田地和夕阳的美感。咦，那边有一个黑影，我仔细看了好久，哦，原来是一个正在收割玉米的老伯伯。虽然我看不到他脸上的表情，但是也能猜出他有多么高兴。渐渐，余晖开始散去，最后只留一片黑暗和一轮明亮的圆月挂在天空。银色的月光洒在金黄色的田地上，竟然也是那么的美。嘘，听，好像有谁正在说悄悄话呢……

时光贵在珍

张　亮

　　太阳东出西落，秒针一圈圈地走过，虽说急促匆忙，但仔细地去品味，总有那样一段美好在内心深处荡漾，温暖着整个冬天。

　　吹着瑟瑟的寒风，借着马路上晕红的灯光，我们匆匆地踏入宿舍。404的灯早被点着，窗帘静静地悬垂着，白炽灯不近不远地照着，反射出了岁月温暖的光泽，洒在每一个人的床上。整个宿舍暖融融的，就如同绝境中的灯火，充满了爱与希望。

　　也许谁也不曾想到，在某个角落中，一个无意之举，竟又赋予了岁月一个温暖的港湾。在每天晚上10点半到11点熄灯的那半个小时里，房门掩住了一切压力，房门内我们一起聊天，谈作业、聊生活，整个宿舍成了一个暖心的集锦，心情不好的可以从中获得心灵的抚慰，身体不舒服的可以从中得以缓解，温暖的气息如同花香一般弥漫在宿舍之中，久久无法散去。404对于人群中的那八个亮点来说，无疑是一个温暖的家。

　　那是一段同吃同住的岁月，每天我们在一起乘着月色起床，一起携手度过一个个艰难的时刻，灯光中凝聚着我们一起刻苦、努力的脚步。

　　那一个个清晨，在我们每个人心中闪过道道光影。

　　沧海桑田，几个月，不过是人生中的片片落影罢了。可这日日如春的几个月，那个无血缘关系、更无辈分之分的家，又怎会在岁月的打磨中消身匿影。那个绝境中的灯火，有真情与真心的共存，只会在岁月中沉淀下来，凝聚成一股清流与记忆共行，成为伤感中的一叶雪莲，使人回味万千。

我不愿放弃

李慧敏

小时候，我做什么事总有一股韧劲，要么不做，一旦认定一件事，便会坚持到底。

八九岁时学习游泳，那十几个人里数我最小。记忆中，那里的教练非常严厉。记得第一天来他什么也没说便让我们下水，有几个哥哥姐姐的悟性特别强，稍加指导便如鱼得水，可还有几个人同我一样，被教练强按下水充当着"抽水机"，灌了不少池水。之后，在教练的"强压式教育"下陆陆续续走了不少人。妈妈看我实在学不会，便问我学不学了。我当时毫不犹豫："学啊！"说不害怕那是假的，但要说放弃，那时的我便会说，为什么要放弃？就这样，我依旧笨拙地学着，渐渐地掌握了技巧，又在深水区里扑腾了几次后，终于学会了游泳。

那时的我执着、上进，只要是自己选择的路，我便要坚持下去。也许我并不聪明，并不是所谓的天才，我总是莽莽撞撞、笨手笨脚，但我知道坚持就是胜利。不仅仅是学游泳，做任何事都是这样。那时的我总是格外认真，做事从不应付，总要求尽自己的全部力量去听每一堂课，做每一科的作业，完成每一件应该做的事情。我相信笨鸟先飞，我相信只要功夫深，铁杵磨成针。

　　然而随着年龄的变化，越是长大，这种韧劲就越来越淡化。随着周围的一切越来越复杂，我渐渐有了惰性，面对困难，我的心开始摇摆不定，我的心开始犹豫，再也没有儿时那般坚定。周围的事情，让我开始怀疑，是否苦尽就一定能甘来。如今，面对这高年级的学习压力，我愿重拾初心，告诉自己"我不愿放弃"。

运动让我快乐

崔 辉

"随风奔跑有梦做翅膀"，运动为我们的生命绽放出耀眼的火花。

镜头一：

欢声雷动，举国上下在这一刻热血沸腾，女排胜利了。2016年的那个下午，中国女排宛如雄鹰在刹那间飞向世界高峰，中国女排终于历经数年的不懈努力再拿桂冠。团结协作，勇往直前，永不向困难屈服，她们用那顽强的毅力，始终追逐着顽强拼搏的运动精神。在一次次失利后永不放弃，成功的那一刻是她们用尽十几年心血所换来的，我们以她们为骄傲。

镜头二：

场地周围的学生不停地喊着"加油"，跑道上正进行着一千五百米耐力长跑，运动健儿在场地上挥洒着汗水。一圈，两圈，三圈……他们不断地接近终点，不断地消耗着自己的能量。他们奋力迈着步子向前冲，纵使已经无力奔跑，纵使已经是最后一名，也绝不放弃。他们只知道，终点就在眼前。比赛结束了，第一名自然赢得了喝彩，然而最后一名也获得了同学们的掌声，

时光贵在珍

他们战胜了自己，他们没有放弃！

镜头三：

清晨的跑道上行人寥寥无几，只有两个在缓慢奔跑的背影。汗水渐渐浸湿了衣襟，双腿逐渐乏力不堪，我却总能在试图放弃时，抬头望见清晨的朝日中脸红扑扑的她，她扬起那自信的酒窝，将一只手伸向我。每当那时，我便又振作精神，看着她那迎风摇曳的马尾，在长大的道路中奋力前进。在运动中，我慢慢进步，在一次次进步中，我收获了友谊的力量。

运动让生命更精彩，运动使生命染上了绚丽的色彩，让我们在运动中收获无限快乐，在运动中、在成长路途中奋力奔跑。

我　跑

白　琪

　　我是一个不爱运动的人，一开始只是因为小小的懒惰，但后来这虚无的东西化为了真真实实存在的、长在身上的脂肪，于是更加跑不动。对于运动的热爱已是谈不上，而原本一点点的喜欢，也在谈笑之间灰飞烟灭了。

　　上学后，体育课终于能够称之为"课"了，我也猛然惊觉，体育原来是要参加中考的。这下我可着了慌，下定决心每天早晨早来几分钟，到操场去跑几圈。可惜我还是不够了解我自己，三天不到，我已经坚持不下去了。我执拗的性子虽然有些懒惰，但终归还是不服输的，我想，既然自己早上起不来，那我晚上运动总可以了吧？

　　于是，夜深人静的时候，你总是可以听到我痛苦的、上气不接下气的呻吟，那是我在做仰卧起坐，不，准确来说，只能是"仰卧"，因为我顶多能做一个标准意义上的仰卧起坐，然后就被我柔软的大床束缚住，再也起不来了。是的，我的计划又一次以失败告终，我的"小强"精神也被磨得差不多了。挫折之中，必有打击。我的测验成绩很不尽如人意，我也因此被老师叫去训话了。

　　虽然我身上依然有着不屈不挠的"小强"精神，但我毕竟是女孩子，脸皮还是很薄的，当时只觉得脸颊滚烫烫的，好像有人拿火烤着我一样。等到了课间时间，我疯了一样跑到操场去，开始了跑圈。似乎我只要一直跑，就能够忘记那些刺眼的红叉叉。

　　我跑，我一直跑。当我终于累得跌倒在地上时，我才惊觉，周围的同学都在往回走，我一看表，已经到上课的时间了。我转身往回跑，顿时觉得整个人都轻松了好多，好像卸下了千斤的重担。

　　从那以后，每个阳光明媚的周末早晨我都会出去跑步。尤其是夏天，去看光芒万丈的日出，去嗅馥郁芳香的花朵，去触摸青翠欲滴的叶片。在阳光明媚的清晨，去感受生命的精彩！

　　我跑，为了去享受那宁静的花开；我跑，为了去摆脱低落心情的魔掌；我跑，为了让自己的生命充满阳光；我跑，为了让生命更精彩；我跑，只因为运动让生命更精彩。

感 谢 运 动

孟香杏

　　"运动富有生机，运动富有活力。"这是我从小爸爸就常在我耳边念叨的话。年过半百的老爸，头上不见一根银丝，一口气上六楼脸不红、气不喘，体格健壮。老爸经常自豪地夸耀自己健壮的体格，拍着我的头说："多运动，才会有活力，比吃补品好。可别成了病秧子啊！"我也经常拍拍老爸厚实的腰和脊背，说："您哪儿来那么多活力啊！"然后我们父女俩相视大笑。

　　某天早晨，还在被窝悠闲地与周公谈话的我，眼前"唰"地一亮，我直接捂着眼跳了起来。过了许久，才发现是老爸直接拉开了窗帘，阳光顿时挤满了整个房间。老爸高兴地说："女儿，今天这阳光多好，咱们去游泳吧！"我本来一百二十个不愿意，但看着老爸热情洋溢的笑脸，也就答应了。

　　随后的训练我一天也没有落下。训练的第十天，我突然发现一些东西在潜移默化中改变着。这一天同往常一样测试跳远，看着遥不可及的满分线，我异于往常，没有叹息，纵身一跃后习惯性向后看踩线情况，结果由原来一米五前进到一米六。我开心得一蹦三尺高，心想着这是对我坚持的奖励吗？这是运动带给我的快乐吗？我无法想象有一天我竟可以因为运动这样开心，运动真的可以让我一直开心下去，让我的生命更加精彩吗？

我抱着试一试的心态面对以后的训练，我加倍努力，绝不放弃。遇到困难，勇敢地跨过去；遭遇挫折，拼搏向前进；遇到失败，不轻言放弃；跌倒了，拍拍身上的土，再爬起来。运动激发出我奋勇向前的拼搏精神，在艰苦的训练后，我的各项水平都有了显著提高，我感受到了运动带来的快乐。

运动让我快乐，运动让我有了拼搏进取、奋斗不息的品格，天天面露微笑，遇到困难坚持向上，我的人生又怎能不精彩？我的未来又怎能不熠熠生辉？

感谢运动，让我坚强乐观，感谢运动让我的生命更精彩。

学 会 坚 持

丁 唯

学会坚持，是成长的必经路途。

——题记

放弃，看起来是多么轻松的字眼，这意味着可以彻底放手，不再去为一些事忧虑。但，那也意味着将品尝不到快乐的果实。所以，我选择了坚持。

那是一个炎热的夏天，阳光火辣辣地烤着大地，昔日温和的太阳变得面目狰狞。我感到身体里的水分被一点点蒸发，双腿早已像灌上铅一般沉重地抬不起来，距离终点的路仿佛还很漫长。

双腿越来越不听使唤了，眼前也是漆黑一片，我感觉自己马上就要倒下了。有一个声音不断在耳边回响："快放弃吧，别逞强了。"可仅存的一丝理智告诉我，我不愿放弃，我一定会坚持到终点。凭着这份信念，我努力迈开双腿，向前迈动，二十米，十米，五米，两米……我终于到达了终点。那一刻，身边的喧嚣仿佛与我无关，我只知道，我赢了，我战胜了自己。

坚持是毅力，是灵魂，坚持宛如苦尽甘来时品茗的琼浆美露，假若你中途放弃，必然品尝不到成功的甜美；坚持宛如雨后彩虹，使无数历经风霜的人终获新生。

你是否有过许多时刻对自己失去信心，想要放弃？不要慌，镇定地告诉自己："我不愿放弃，我是最棒的！我相信我可以坚持，因为奋力拼搏后一定会有成功的喜悦！"

论　成　功

朱鸿飞

　　"只有流过血的手指，才能弹出世间的绝唱。"著名音乐家贝多芬是大家公认的成功人士，享誉世界，人人仰慕。他曾弹琴弹到手指发烫，将手在冷水中浸没一阵，又继续弹琴。二十多岁时他双耳失聪，他用牙咬着木棒的一端，另一端抵在钢琴上，凭借着惊人的毅力创作了许多世界名曲。想要成功，贝多芬的事迹无疑是很好的典范，他的坚持不懈和不畏苦难的精神正是成功路上的必备条件。

　　先来谈坚持不懈，古往今来，坚持不懈是古今贤人所推举、赞扬的。古代著名书法家王羲之，为练得一手好字，数十年如一日地钻研书法，从未懈怠，于是他成功了。成功路上一定要坚持，朝着你的目标不断努力，倘若只是"三分钟热度"，半途而废，那么，即使你有很高远的理想和目标，那也只是空谈。所以，在拼搏的路上一定要告诉自己，既然选择了远方，那便只能风雨兼程。

　　再说不畏苦难。成功的路上一定不会是阳光和煦，鲜花围绕；一定会是荆棘丛生，阴云密布。但请别畏惧，迎难而上，你就会发现，那只是成功给予你的考验而已。"古之大事者，不惟有超世之才，亦必有坚忍不拔之志。"像那颜回，虽身居陋室，却把苦难当作成功的秘诀，不畏而前行；又如鲁迅，历经无数苦难，才将爱国的思想播撒到中华大地；似无数学子，经历寒窗苦读十二年，才换得一时金榜题名。遇到困难就退缩，不敢迎难而上，那只是懦夫的行径。只有奋力拼搏，那样得来的成功才最为踏实可靠；依靠别人的帮助，那样的成功虽也是成功，可那终究是暂时的，好似沙漠里的海市蜃楼，经不起验证和推敲。

所以，成功的路上，一定要怀抱理想，坚持不懈地朝着自己的目标，不畏困苦，砥砺前行！

《格列佛游记》读后感

贺维维

　　《格列佛游记》是英国作家乔纳森·斯威夫特的一本游记体讽刺小说。英国小说家毛姆评价说，《格列佛游记》有机智和讽刺，有巧妙的构思，有洒脱的幽默，有泼辣的讥嘲，痛快淋漓。它的文体精彩绝伦，至今没有人能用这艰难的文字写得比斯威夫特更简洁、更明快、更自然。这本书更是历经百年，散发着永恒的光芒。

　　本书讲述了主人公格列佛的四次历险。第一卷内描写的是格列佛在小人国的奇妙经历，在那里，他遇到了一些身材不足六英寸的小人，看到了它们腐败的朝廷、荒诞的选举制度，作者刻画了财政大臣、海军大将等人的卑鄙行为，也借此反映出当时英国可笑腐败的朝政风气和典章制度。第二卷，写出了主人公在大人国的历险，也从此结识了博学明智的大人国国王，借大人国国王之口反映了英国社会的贪婪、竞争、残暴、淫欲，充满了阴险和野心。第三卷，主人公来到了飞岛国，厄尔尼巴比的拉格奈格、格勒大锥和日本几个地方，从文化和政治角度讽刺了当时英国哲学家，以及沉迷于幻想和不切合实际的科学家，颠倒是非的评论家和史学家。第四卷，则更是在慧骃国，将人与畜生颠倒身份，"慧骃"善良友爱，勤劳勇敢，公正诚信，而以人为形象塑造的"野胡"则丑陋龌龊，贪婪淫荡，主人公甚至以马为伴，一生也不想再接近"野胡"们，向人们揭露了法律的虚伪，以及政府对人民的不择手段等。

初读这本书，因格列佛的追求上进、善良勇敢、不畏困难、谦逊有礼、迎难而上等优秀品格，我心生敬佩。

而我在反复的阅读之中才理解，作者通过奇幻小说、儿童文学的形式，意在批评英国的社会政治和反动的宗教势力，批判腐败的统治、政治的混乱、人心的复杂，以及英国资本主义在资本主义早期的疯狂掠夺和残酷剥削。作者在这本书运用了反复的对比，从人心的善恶、君主的明或庸、主人公的伟大与平凡中，运用多处强烈的对比，将对当时统治的不满渲染到极致。

别样的风景

夏 天 的 云

胡瑞忆

夏天的云是多姿多彩的。

夏天的云是变化多端的，像孙悟空一样。蔚蓝的天空中飘浮着一朵朵的白云，有的像一条龙盘在天空中，有的像只兔子蹦来蹦去，有的像乌龟爬来爬去，有的像青蛙跳来跳去，有的像金鱼游来游去……它们在这片云海里举办了一场舞会。

六月的天说变就变，刚刚还晴朗的天气慢慢被一大片乌云笼罩，白云大军控制不了这庞大的乌云大军，正在赶紧撤兵之时，黑暗笼罩了这片土地。远处传来了"轰隆隆"的雷声，眼前闪过一道道闪电，"哗——哗——哗"，雨姑娘来了，雨姑娘来了。小草和小花跳着舞欢迎着她，大树爷爷也唱着歌迎接着她的到来。雨姑娘让小草和小花喝了个够，帮大树爷爷梳了梳头发。

雨后天晴了，天边出现了一条彩虹，把云都染成了彩色的。

我爱夏天的云！

夏 之 夜

原　敏

　　夏天的白昼总是那样炎热，而晚上却是舒爽的，我最喜爱的还是夏天的夜晚。

　　走出家门，夏夜的天空很美。月亮是那样的皎洁、明亮，像个大玉盘，使整个大地都沐浴在月光中。星星闪闪发亮，就像一颗颗宝石一样镶嵌在天空闪烁着光芒。微风吹过，树叶发出沙沙的响声，小草微微地点头，一切都显得那么柔美。

　　漫步在沿江路上，路的一侧是一排夜宵摊，三五个人围成一桌，伴随着夜风，开怀畅饮。有的手端着大酒杯，有的手里拿着羊肉串，嘴则尽情地撕咬着他的美餐，有的在看着手机，聊着天。江边，一群老人坐在大树下，有的在打牌，有的在下象棋，旁边有一群小孩子互相追打着，嬉戏着。树上的知了也禁不住夏夜的诱惑，唱起了它那单调而很有趣的歌。青蛙也引吭高歌，你一句，我一首，开启了一场江边交响曲。在这条街上，欢声和笑语无处不在。

　　我爱这充满生机的夏夜。

别样的风景

别样的风景

张　超

在广州，有一条美丽的江——珠江。它是中国第二大江，作为广州人，我非常自豪。

清晨，几个年迈的老者在江边散步，空中弥漫着白茫茫的大雾，只能隐隐约约地听见不远处的珠江在流淌。一片叶子掉落在江面上，只看见波纹一圈一圈地荡漾开去。叶子先是浮在水面上摇晃，然后又轻轻地沉入水中。此时的珠江就像一位相貌清秀的女子，在轻轻地舞动。到了中午，晴空万里，太阳高高地悬挂在空中，把金光洒在了江面上，把快乐泼洒到人间。再看这时的珠江，真称得上是"水光潋滟晴方好"啊，在每一个瞬间，在时间的长河里，泛起一道道涟漪。它美得不能再美了，就像当年的西施，能说是"淡妆浓抹总相宜"。时间过得飞快，转眼就到了夜晚。珠江边的高楼大厦亮起了五颜六色的灯火，珠江变得生机勃勃。渐渐到了深夜，灯光一点儿一点儿地消失，月亮照耀着珠江。这时的珠江就像一位慈祥的母亲，陪伴着人们进入梦乡。

珠江，流的仿佛不是一汪江水，是广州的曾经和未来，是广州的希望……

金色云朵

李丹丹

　　清晨，云朵们披着一层金色的光，开始在天上穿梭。我从床上爬起来，推开窗，望着那浩瀚的天空，看着那形态各异的云。

　　天上云朵的样子各种各样：有的宛如可爱的小狗，身上长着雪白的绒毛；有的犹如小猫，好像瞪着眼睛看着我，我仿佛听到它"喵喵"地叫着；有的宛若花儿，它绽开它那洁白的花瓣，对我甜蜜地笑着；还有的像小屋子，像火车，像牛、羊、兔子……真是五花八门。

　　时间过得飞快，转眼就到了傍晚。那金色的云朵变成了红彤彤的晚霞，渐渐只能看见那丝亮光。

　　夜幕降临，云朵又隐没在夜色之中。天空一片漆黑……

美 丽 的 夏

黄小舟

　　夏天的夜晚是宁静的，仿佛一切都静止了，只有时间在悄悄地流逝。夜幕初垂，已不见了踪影的太阳余晖依旧，整座城市像个大蒸笼，热得让人喘不过气来。

　　皎洁的月光洒落在浅浅的荷塘上，荷塘上铺满了碧绿的荷叶，荷叶很绿，绿得好像一块块无瑕的翡翠。在翠绿的荷叶之间，星星点点地点缀着的是那婀娜的荷花，一朵朵，粉嘟嘟的。有的完全开了，像亭亭玉立、舞动着的少女；有的才刚刚展开了一两片花瓣，好像害羞的小姑娘，想要展示自己曼妙的身姿，却又犹豫不决；还有的则完全没有绽放的准备，还是个花骨朵儿呢！一阵微风吹过，满池的荷花随风摇曳。"哗啦啦，哗啦啦……"荷叶摩挲，似乎在为这些舞动的精灵伴奏呢。院子角落里的月季开得正艳，红的像火，粉的似霞，白的圣洁，黄的嫩嘟嘟。这花单看一朵时不过如此，一点儿也不起眼，可一大丛一大丛簇拥在一起时，却足以让人惊心动魄。热浪中，它们你挨着我，我靠着你，嬉笑着，攀比着，喧哗着，闹腾着。它们是为了谁的衣裙更迷人暗暗较劲，又或是在讨论着昨夜露水的香甜吧！

咨啬调皮的风儿早已不知了去向，大槐树像是被施了定身法一样纹丝不动。"知了，知了，知了……"蝉儿们不知躲在大槐树的哪个角落，不知疲倦地高声吟唱着。

仰头望去，一轮弯月挂在黑丝绒般的夜空里，散发着清清冷冷、无比柔和的光芒。一颗一颗闪亮的星辰眨着眼睛，凝视着千万里之外的古老星球，似乎正在诉说着对人世繁华的艳羡。

"呱，呱呱……"荷塘里传来了一阵清脆的蛙鸣。"呱"，一只青蛙起了个调儿，"呱呱呱呱"，其余的青蛙齐声附和，打破了夜间的寂静。青蛙们毫不安分，一边欢唱着，一边从这片荷叶跳到那片荷叶。最后再"扑通"一声跳下水，变着法儿打扰人们的美梦。

夜深了，青蛙们也昏昏欲睡，一切又恢复了宁静。我爱这喧嚣又宁静的夏夜！

美丽的九寨沟

王子清

　　黄山归来不看岳，九寨归来不看水。去年暑假，我终于如愿以偿，和爸爸妈妈一起游览了人间仙境——九寨沟。

　　九寨沟位于四川省九寨沟县境内，因周围有九个藏族村寨，因此人们称它九寨沟。九寨沟内有一百零八个海子，海子就是湖的意思。其中，最美丽的当属五花海，它又名孔雀海，因湖里生长着各种藻类，钙化沉积，在阳光的照射下，呈现出不同的颜色：鹅黄、浅蓝、黄绿、淡紫、墨绿，如同孔雀五彩斑斓的羽毛。四周的山坡上，一片苍翠，暖风吹来，湖边的绿树倒映在水中，宛如一条条彩蛇在水中游动，与湖中的沉木、植物互相点染，给五花海又增添了几分神秘的色彩。人们说，五花海是神池，它的水洒向哪儿，哪儿就花繁叶茂，美丽富饶。

　　沿着林荫小道缓缓前行，就听到了巨大的轰鸣声，时而像战鼓，时而像雷声，还不时有水滴洒落在游人的脸上、身上。我不禁加快了脚步，拐到小路尽头，一个巨大的瀑布呈现在眼前，凶猛的水势奔流而下，似白浪滚滚，溅起的水珠，在阳光下晶莹剔透，仿佛一粒粒珍珠闪着光芒，这就是宏伟壮观的珍珠滩瀑布。

走进九寨沟，就如同走进了迷人的童话世界。我收获的不仅仅是美景，更是愉快的心情，它的一山一水，一草一木，深深地印在我的心里。

有那样一抹色彩

卢星茹

入夜渐微凉，我坐在书桌前奋笔疾书，台灯照亮了书桌四周的一方小天地。漫漫长夜，只有成堆的作业与我不离不弃。

升入高年级，繁重的课业压得我喘不过气来，一次次测验跌入谷底的成绩令我心灰意冷，我感到自己好迷茫。没有一点儿方向，台灯白色的灯光柔和地照在书本上，我手中的笔也在一刻不停地动着。

我只身一人处在无边的黑暗中，漫无目的地前行。我感到无助、彷徨，却只能向前走。我一步步在黑暗中摸索，伸手触摸到一堵冰冷而又坚硬的墙，转身，又摸到一堵坚硬的墙，不断地转身，不断地碰壁。就在我快要绝望时，我心里有一个声音告诉自己："别害怕，相信自己，一定能够离开黑暗，找到光明。"一次次地碰壁和摸索后，终于找到了出口，可前方依旧是漫无边际的黑暗，我感到自己像一只被关在笼子里的鸟，无论如何努力振翅都无法飞出囚牢。我继续向前走，想要找到突破口，能够看见光明。心中的信念支撑着我走下去，我的心理防线一点点被黑暗攻击得溃不成军，可我还是坚持着，不停地走着、摸索着。

终于，一道白色的亮光在黑暗里散发出了微弱的光芒，我快步向前走去，沿着光的方向，见到了久违的光明。那抹白色的光，就好像绝望中的一丝希冀，指引我走出黑暗。

意识渐渐清醒，顿觉这原来只是一场梦境。我坐在黑暗的房间中，白色灯光照亮了一方天地。我走在无边的黑暗中，白色的亮光可以指引我走出黑暗，那么，处在学习困境中的我，也一定能够跟随某一道白光，走出学习的困境。

手中的笔不停地动着，我将听从我的信念，追随着那抹耀眼的白，到达成功的彼岸。那抹白，为我照亮前行的路，指引我前进的方向。

让生命更精彩

陈骏伟

"咚——咚——咚——"你曾在静谧的空间里听到过这样的声音吗？那是心脏在跳动，进出新鲜的血液，流动到身体的各个部位，让你充满生机与活力。

我喜欢运动，喜欢运动时大汗淋漓的酣畅感觉。因为运动，使我的整个精神世界更加丰满。小时候的我，上学时一天有半天是在医院度过，学习成绩更是惨不忍睹，自卑得像一只丑小鸭，什么也不敢做。直到四年级的运动会，在老师殷切的目光下，我颤抖着走上了跑道。当比赛开始后，我用尽全力奔跑，感受风从我耳边呼啸而过的快感，汗液从额头滑落至下巴，嗓子疼得仿佛能咳出血来。但是当我冲过终点线，老师和同学围着我欢呼时，我感受到了极大的鼓励，那样的感觉真好。从那以后，我开始每天运动，在朝阳、夕阳的沐浴下，在操场上奔跑、跳跃……

渐渐地，我的身体越来越好，性格也越来越好，积极地投身各种活动中，体现自身的价值。

在湖南的一个小山村里，"篮球女孩儿"的运动事迹更是令人为之动容。她在很小的时候就失去了双腿，幼小的她曾几度颓废，失去了生活的希望，甚至不愿意去上学，因为害怕被别人嘲笑。直到有一天，她看到了电视上游泳运动员在水中矫健的身姿，她下定决心，一定要成为一名优秀的游泳运动员。于是，她让爷爷把旧篮球套在她的身下，然后凭借双手走路，开始了她的游泳生涯。十数年如一日的艰苦训练，她往往要付出比同学更大的努力，摆臂、划水、转身，别人只需要练习几个小时的动作，她却要做几天。皇天不负有心人，去年的她，连续多次在残疾人游泳比赛中取得较好的成绩，令老师和同学刮目相看。她越来越爱笑了，对生活充满新的希望。她说："我想参加奥运会，成为世界上最优秀的游泳运动员。"

她将运动融于生命，她用实际行动诠释了运动让生命更加精彩。

倾听心跳的声音，那是生命在运动；听奔跑的声音，那是价值在体现；听双手拍击水面的声音，那是希望在扬帆。去运动，去奔跑，去跳跃，去让生命更加精彩，绽放出光芒。

别样的风景

爱 贵 在 真

黄　佩

繁华散尽，许你一场地老天荒。

你的身影湮没在历史的长河中。那样多愁善感的你，那样坚强的你，那样为爱情不顾一切的你……或许后世对你的佳作充满赞誉，但都敌不过你心中最纯真的爱情……

在最好的年纪，刚巧遇见了最纯真的爱情。那个夏日的午后，你与婢女在园中嬉戏，偶然回眸一瞥，便见一个高大俊朗的男子步入正厅与父亲见面。少女的心思是那样细腻，少女的感情又是那样懵懂与纯真，于是为了见一眼那男子，你故意将自己的步摇遗失到门口，借着捡步摇的机会，想要偷偷地瞥一眼，不料却被发现，于是满脸绯红，装作观赏青梅的样子，满是小女儿的情态。

也许是那份纯真的感情感动了上天，你终于成为他的新娘，婚后的生活甜甜蜜蜜。你们二人忙于收集古玩，编辑《金石录》，虽然有时为了购进文物导致生活拮据，但你们依然自得其乐。倘若生活只是这样在日复一日的忙碌中度过，爱情也会没了新鲜感。一日，你端坐于镜前，望着明诚为你细心画眉，余光瞥见妆盒上的一朵鲜花，便插在耳旁，看着镜中的自己，问道自己美还是花美。后续的故事我们无从得知，也不知明诚是回答人比花娇还是花比人美，引来你的娇嗔……总之，你们这般纯真的爱情，凝结成你诗歌中动人的诗篇。

不知听谁说，真挚的爱情经得起打磨，于是岁月匆匆而过，你与明诚的闺房之乐也告一段落。朝廷政局动摇，父亲被贬回乡，你也被迫与明诚分离，那是你最难熬的日子。明明是留有无数童年美好记忆的章丘，此刻也是总能触发你的万般愁绪。终于你按捺不住了，对明诚的思念日益加深，你收拾行囊，踏上了前往青城寻夫的路。风雨兼程，义无反顾，几日奔波，入府看到的却是明诚在欣赏歌伎跳舞。你想，是啊，自己老了，哪比得上那些年轻貌美的女孩儿。虽然，明诚对你的到来十分惊讶，但却只是让人安排你草草住下。这时你心中的委屈全化成泪水，融入了诗句，但对那份爱却还是义无反顾，贴心地照顾着他。终于，明诚认清了自己的本心，与你过上了从前的日子，那样相敬如宾。

时运不济，命运多舛，北宋的灭亡，给予了你灵魂沉重一击，多年来与明诚收集的古董字画也在颠沛流离中所剩无几。《金石录》的编写还未完成，明诚却已离你而去。国破家亡，夫死财散，你仿佛经历了世间最不幸的事情，但你依然怀揣着对纯真爱情的信仰，完成了《金石录》的编写，完成了深爱的人的心愿，给这份爱画上了完美的句点。

"和羞走，倚门回首，却把青梅嗅。"

"凄凄惨惨戚戚。"

"人比黄花瘦。"

……

你短暂的一生是一本薄薄的《漱玉词》，但在物是人非中，你与明诚的那份爱情尤为珍贵。因为那份爱，如钻石般，真挚，永恒。

别样的风景

文学令我着迷

刘 珺

文学宛若一片广阔的天空，我徜徉其中，就好像走过一年四季，如歌如画。

立春，软衬三春草，柔铺一缕香。

不是因为太寂寞才想起你，而是因为想起你才感到寂寞。我在茫茫书海中追寻你那清香的味道，纵使万般艰难，也要找到你，易安。从你情窦初开的懵懂怀春，到与子偕老的新婚祈愿，从深闺梦里的刻骨相思，到爱情之痒的愁肠百结，岁月一丝一缕地爬上了你的眼角眉梢，至深至重的爱情与时光一同成长。你才情婉约，爱意正浓，翰墨泼洒的《漱玉词》晕染了你整个人生。你的坚强、豪迈指引着我步步前行。

小暑，满架蔷薇争艳节，三伏亦感清凉。

"你是谁，读者？百年之后读着我的诗。"一个白发苍苍的老者出现在行行文字中问我。他的眼角荡漾开来细碎的笑意，眼神中是让人捉摸不定但能感到温暖的东西。"如果森林中没有欢乐的回响，如果郁金香的裙摆不在风中飞扬，如果叶尖的露珠不在时间的边缘上舞蹈，那么，请在琴弦上弹出暂无音调吧。因为我想要为你唱歌的心，是不会变的啊！"我低低吟诵着。亲爱的你，在书中，你的文字给了我独有的温暖。

大寒，繁花落尽伊人清瘦，三九寒天可予我温柔？

静静汨罗，守护着你的灵魂，皇皇离骚诉说着你的忠贞。在那个视平民如草芥的动荡年代，你用自己的血泪诠释了什么是心存百姓；在那个烽火连天的战乱时期，你用自己的生命回答了什么是爱国精神。"长太息以掩涕兮，哀民生之多艰。"你的心，与日月争辉，流芳百世。

流连于文学之中，我不觉沉醉其中。书中的"一年四季"，果真令人着迷。

别
样
的
风
景

那座凉亭令我着迷

薛　辰

　　每个人心中都有那一方净土，或许是环境分外清幽，或许是能使你的心灵沉寂，又或许那里承载着你满满的记忆……

　　犹记那座青山，也记着那座凉亭。奶奶家附近的那座大山，四季常青，山上种满了青松，在寒风凛冽中傲然挺立，在烈日炎炎下彰显着勃勃生机。就是在这样的环境中，有一座仿古的凉亭坐落在山顶上，与对面的山顶遥遥相望，颇有"相看两不厌"的架势。凉亭的四角向上翘起，亭顶高高耸起，虽然已经十分陈旧了，但却蕴含着浓厚的历史底蕴，给人以一种古朴而又沧桑的美。自我记事起，记忆中便有了这座凉亭，有了凉亭同我之间点点滴滴的回忆。

　　很小的时候，我来到这座凉亭，是同父母一起出来登山。那时，年幼的我精力充沛，却还是走到一半就喊累，于是就和父母到这座亭中歇脚。那年的凉亭，是我记忆中身体困顿时栖息的港湾。

　　后来渐渐长大，每逢周末我都会去凉亭，有时写写作业，有时读读书，有时便只是静静地坐着，听着耳边呼呼的风声。麻雀、杜鹃在枝头叽喳乱叫的声音，伴着古老的凉亭厚重的噪音，向我娓娓道来那一段悠久的历史。那浓厚的历史底蕴让我不觉深陷其中，迷醉其中。

现在的我，依然每周到凉亭去，尽管学业繁忙，但是凉亭就像一位慈祥的老者，总能让我释怀心中的困惑。静静地坐在凉亭中，将心中的烦恼与苦闷都倾诉出来，我也会将生活中的趣事讲给它听，却不知它是否也会为我忧愁，为我开口呢？它就像一位倾听者，安静地听我讲述着人类世界的故事。

我着迷于这古色古香的凉亭，它对我不言不语，却能抚慰我受伤的心灵。它不喜不悲，才在滚滚的历史长河中保存下来，亭子的破损之处，是它经历无数风霜的勋章。它，真的令我着迷。

夏 天 来 了

毕 然

夏天来了，人们脱下了厚厚的外套，穿上了薄薄的T恤和漂亮的花裙子。在晚上，孩子们早早地把家庭作业做完，和爸妈出去踢足球。知了挂在树梢上，叫声分外刺耳；池塘里的青蛙一直"呱呱"叫个不停，好像在说"热死了热死了"；道路上的看家狗吐出了长长的舌头，一个劲儿地喘气……

在踢足球中途休息时，我们会抓一些蚂蚱，把绳子系在蚂蚱的尾巴上，蚂蚱扯着绳子拼命地乱窜，一会儿蚂蚱不见了，而尾巴还在绳子上。这时，大伙儿会"哈哈哈"地大笑，我们玩得开心极了，连蚊子"嗡嗡"咬我们都不知道。有些大人会早早地去河道边散步，五彩斑斓的霓虹灯在河道边闪烁着，照着旁边的花草，一会儿是绿，一会儿是红，一会儿是黄，如同仙境一般，漂亮极了。

夜渐渐深了，弯弯的月亮在天空中闪烁着。人们睡着了，热闹的河道上、足球场上都平静了下来，美丽的夏姑娘也沉沉入睡了。

世外桃源

赵思源

我的家乡在农村，是一个美丽、安静的小山村，我爷爷奶奶就住在那儿。

在一个风和日丽的早晨，我和妈妈先坐汽车，再步行一个小时就回到了我的家乡。刚靠近村庄，就听见"哗啦、哗啦"的水声，那是一帘壮观的瀑布正在流淌。我走了走，一股清香扑面而来，那肯定是美丽的油菜花仙女在表演着优美的舞蹈。

走进家乡附近的森林，那里树木高高的，草绿绿的，石头圆圆的，小河水清清的，真是漂亮极了！森林中的鸟儿有的唱歌，有的捉虫，有的在草坪上蹦蹦跳跳，在享受美好生活，欣赏美丽的风景，惬意极了。

那里的人们过着悠闲生活，习惯于日出而作、日落而息的规律生活，好像从没有烦恼和忧愁。他们有时到河边捞鱼，有时在农田干活，有时上山采果。干活累了可以躺在柔软的草地上休息，顺便看看天上的白云。这里没有城市中的雾霾，空气清新，天空湛蓝。天上的白云有的像一只凶猛的大老虎，张牙舞爪，好像要把你活活吞噬；有的像一条巨龙，在天空不断翻腾；有的像可爱的白兔，正在低头吃草；还有的像温顺的绵羊，正在"咩咩"叫唤，和你打招呼。

我的家乡就是前有河流、后有大山的村庄，好一个世外桃源。我很喜欢，你呢?

海边的聚会

肖凯泽

夏日的周末，我跟随爸爸妈妈去海边游玩，坐在车上有些无聊，妈妈便建议我去看天上的云。

你看哪！这儿的云朵真美呀，假如你加以想象，那一片片的云朵不再是单调的云朵。满天的朵朵白云它似乎知道在这炎热的夏季，冰激凌是最冰凉爽口的了，它可以消除夏日的满心热火。圣代、哈根达斯、火炬、拿破仑……随意变化。边上的点心并没有规规矩矩地摆放，有纵享丝滑的心形巧克力，有爽滑酥嫩的菱形饼干，还有刚出炉的圆形的棉花糖……比起每日单调的食物，它们会瞬间打开你的味蕾，哇！这不就是一个美食天堂吗！

你瞧呀！那儿的云朵真可爱呀，这边一朵，那边一朵，像是一只只蹦蹦跳跳的小白兔，很不安静，又像是一只只害羞的小花猫，一点儿也不豪放。一会儿又有一朵朵白云前来聚集，仿佛有性格温顺的灰色小绵羊，有激情四射的黄色小猴子，还有体力强大的棕色的大象伯伯……这不，有只小狗正在"汪汪汪"地向我招手呢，这里不再是静谧的天空，这里是聚会，是舞会。

很快，我们到达了目的地，金色的阳光炙烤着大地，蔚蓝的天空无边无际。白色的云朵，像一朵朵奔腾的野马，一会儿又像一片片白絮，自由自在地飘着，还有什么比夏天的云更有意思呢？

雁 荡 山

王 禹

但凡来温州旅游的，一定会到雁荡山，雁荡山是一个风景优美的地方。

雁荡山的水可真美呀，远远望去大龙湫和小龙湫可谓是"飞流直下三千尺，疑是银河落九天"。大龙湫和小龙湫可以说是雁荡山的双子座，大龙湫气势磅礴，水银泻地般的瀑布从一座高山上飞流直下，像银蛇，像一缕缕青烟。大龙湫气势雄伟，更加显得小龙湫温婉细致，它倒像是一个姑娘，在细细地纺织着手里的细纱，那轻巧，那飘逸，在那光滑细指间轻盈舞动。

雁荡山的山真险呀，那一座座山峰怪石林立，每一块石头、每一座山峰都像是工人师傅雕刻而成。山坡上的台阶又陡又峭，每走一步都要小心翼翼，一边手握着扶手，一边头也不回地往前爬，如果不小心往下一看，你的全身一定冒着冷汗，两腿发麻，那深不见底的深渊会让你毛骨悚然。

雁荡山的树可真绿呀，雁荡山漫山遍野都种满了常青树，在蔚蓝的天空下，满山的常青树显得更加翠绿翠绿的。满山的常青树似乎是雁荡山的空气过滤剂，使雁荡山的天空看起来更加透明清澈。

　　雁荡山的美不仅在山也不仅在水，更在于它寄寓着当地人民群众对未来的希望和憧憬。

我 的 家 乡

李　瑞

我的家乡在温州，这里风景优美、物产丰富，是一个美丽的地方。

我的家乡是一个旅游胜地，这里景色宜人，有拥有"小桂林"之称的楠溪江，有远近闻名的江心屿，有"东南第一山"雁荡山，其中，我最爱雁荡山。

雁荡山奇石耸立，从雁荡山入口处往里走一点儿，可以看到两条银白色的瀑布，那就是大龙湫和小龙湫。这时会让你情不自禁地想吟诵李白的诗句"飞流直下三千尺，疑是银河落九天"。听着哗啦拉的瀑布声，耳边还不时传来鸟儿叽叽喳喳的鸣叫声，此时会让你有种置身于世外桃源的意境。继续往前走，你会看到许多千奇百怪的石头立于高山之上，有的石头像一张张哈哈大笑的笑脸，似乎在欢迎着远道而来的游客；有的石头像一只只活灵活现的小猴子，在嬉笑玩耍；有的石头像是各路仙人前来朝会；还有的石头像一根根大柱子，立于天地之间。最神奇的莫过于高空骑自行车了，只见演员在高空中的钢丝上来去自如，一会儿在自行车上倒立，一会儿在自行车上跳跃，如同行走在平地一般，直叫人叹为观止。雁荡山的景因奇、险、美而闻名，来过这里的人都被这里的景色所征服。

　　我的家乡还是一个物产丰富的城市，有瓯海的瓯柑，圆圆的，大大的，黄澄澄的，而且汁多甘甜；有茶山的杨梅，圆溜溜的，大的像乒乓球般，紫红红的，让你看着口水直流。温州是沿海城市，所以海鲜也非常多，有鲜嫩多肉的大闸蟹，有香脆可口的基围虾，有锥形的、圆形的、椭圆形的海螺，有各色各样的鱼，还有各种特色美食。

　　温州，我的家乡，有让人流连忘返的美景，有让人恋恋不舍的美食，快来吧！

夏 日 的 夜

曹 晋

夏日的夜晚，我行走在河边的小路上，这时突然有一只青蛙从我的脚边迅速跳过，似乎在急切地去参加一场盛大的宴会。耳边不时传来蟋蟀的奏乐，青蛙在池塘边上清脆地唱着歌曲，小提琴那种优美韵律从蝉的指尖滑过……哇，这不就是一场盛大的音乐会吗?

透过朦胧的夜色，一朵朵含苞未放的荷花像极了一个个害羞的小姑娘，那似开未开的花骨朵儿配上一身清新素雅的绿衣，再佩戴几串珍珠，显得更加晶莹剔透。迎面一阵阵凉风拂过，仿佛母亲在抚摸我的脸颊，既温柔又舒适。抬头看着天空中闪烁着如黄宝石般的星星，不时地对我顽皮地眨着眼睛，一轮圆盘一样的圆月挂在天边，为我指明回家的路。

不知不觉中，我沉醉于这样的夏日夜晚，一颗流星划过，我默默许下了一个心愿，愿流星带着我的心愿，去向远方。

别样的风景

记忆的色彩

我爱夏天的夜晚

王诗怡

　　随着晚霞的最后一点儿余晖褪去，"火球"终于下山了，月亮姐姐也探出了她的小脑袋，星星弟弟也出来凑热闹来了。夏天，人人都盼望着晚上快些到来，因为夏天的晚上是凉快的、舒适的。

　　到了晚上，我们一家人坐在亭下乘凉，爸爸踉踉跄跄抱来一个又大又圆的西瓜，只见它披着一身碧绿色的外衣，其间还夹杂着一条条黑色与翠绿色的花纹，这是不是大自然的艺术家雕刻出来的呢？我立刻上前拍了拍，发出咚咚咚的清脆响声，这西瓜应该不错。爸爸把那个大西瓜切成了两半，只见黑珍珠似的籽镶嵌在红通通的瓜瓤上。中间部分红得鲜艳，越往外面颜色就越浅，有那种渐变的感觉。爸爸又把它们切成了一小块一小块的。我迫不及待地先拿起一块闻了闻，有一股清香扑面而来。我用舌头轻轻地舔了舔，清甜。再轻轻地咬了一口，好甜啊。我顾不得形象吧唧吧唧地大口吃起来，西瓜汁沾得满嘴都是，连脚下的小猫咪也"喵喵喵"地想来咬一口。

　　吃完后，我坐在摇椅上玩，突然听见"呱呱呱"的叫声，我环视四周，不见青蛙的影子，就起身往池塘边走去，可仍然不知它在何处，我灰心丧气地转身走了。"知了知了……"咦？响起了知了的声音。青蛙打鼓，知了唱歌。随后萤火虫也加入了这个团队，它用优美的舞姿展现了自己的美。我听着、看着，不由自主地也跟着跳了起来。风儿，踏着优美的歌声而来。荷花也挡不住热情，摇头晃脑。这犹如一场演唱会啊！突然，我不小心绊了一跤，家人顿时哈哈大笑起来，我不知不觉也跟着笑了起来，笑声划过了天迹，冲破了夜色。

　　夏天的夜晚，从来都是那么愉快、那么美妙。我爱夏天的夜晚！

记忆的色彩

庄　园

在我的记忆中，最美丽的莫过于我的家乡。它位于重庆的一个小山区，这里依山傍水，山清水秀。

奶奶家坐落在一座大山的半山腰，下面是座雄伟的桥。栏杆两侧有很多不规则的花纹，有的像小松鼠，一蹦一跳；有的像兰草，随风摇摆；还有的像盛开的荷花，花枝招展。桥面上竖着一尊尊高大威武的石狮，有面带微笑的，有腼腆低着头的，还有昂起头"嗷嗷"叫的。它们形态各异、姿态万千。

桥下是一条深不见底的河流，虽然这河不像小溪一样清澈，不像瀑布那样壮观，但它像星星那般明亮。身旁两座高大的山，就像两个雄伟的卫士一样守护着这条河流。河水犹如丝绸，蜿蜒伸向远方。说来也奇怪，不知为什么，这里的河水特别蓝，深蓝、绿蓝、浅蓝，交织着，结合着，映衬着。近处，河水平静得如一面镜子，无声无息，沉默不语。忽然，一只白鹤以闪电般的速度俯冲下去，掠过水面，打破了河面的平静。远处，鸟儿清脆地鸣叫，船儿缓缓地走，河面上荡起一圈圈波纹。啊！是那些捕鱼的渔民们来了，他们轻轻地划动双桨，到了河中央，便撒下空空的网，收起满满的筐。今天的收获颇丰啊！渔民们呵呵呵地笑了起来，脸上洋溢出灿烂的笑容。

傍晚，夕阳西下，劳作了一天的农人们渐渐回到了家。太阳慢慢落入河流的怀抱中，红了。山红了、水红了、树也红了，眼前的一切都红起来了，像森林着火了似的。渐渐地，河流开始从我们的视线消失了，身旁的树不再红，也不再苍翠了，而是泛着黑色的斑点，绿里带着黑，黑里带着红。

一家家灯火亮了起来，山中便有了灯笼，灯笼越来越多，山中越来越亮，小动物的声音也越来越欢快。这边田野，青蛙的呱呱声令人百听不厌，不像蚊子的嗡嗡声不堪入耳；蝉的吱吱声清脆悦耳，不像蜜蜂的嗡嗡声让人胆战心惊。那边枝上，几处黄莺争暖树，谁家小燕啄乡泥。它们结合在一起，奏成了一首优美的乐曲。我恨不得也变成一只蝴蝶，拍着翅膀，加入进去呢！

这，就是我的家乡。它虽然没有九寨沟的绚丽，也没有黄果树瀑布的壮观，但是它朴素而淡雅，自然而清新，纯洁而灵动。我爱我的家乡。

我的好朋友

韩　昭

　　"将军"是外婆家的一只松狮狗。它圆圆的脑袋上竖着一对三角形的耳朵，时刻警惕着周围的动静。滴溜溜的黑眼睛瞪得大大的，披着一身棕色长毛的它远远看上去，像极了一只威风凛凛的小狮子。所以我给它起了个外号，叫"将军"。"将军"对吃十分敏感，要是谁端着盘子从它面前走过，不管当时它是在呼呼大睡，还是在晒太阳，它准会一个激灵跳起来，兴奋地冲着你摇头摆尾，缠着你转圈圈，一副吃不到嘴就绝不罢休的架势。

　　你不要以为它是个贪吃的家伙，当它吃饱喝足了，对弱小者可是绝对宽容的。那天，"将军"用完了它的午膳，心满意足地晒太阳去了，眼尖的小麻雀们发现了"将军"漏在碗边的饭粒，便暂停了房檐上无休无止的吵吵嚷嚷，鬼鬼祟祟地飞下来。它们一边瞄着"将军"，一边偷吃它的食物。"将军"的东西你们也敢偷，也太猖狂了！我暗暗替"小偷们"捏了一把汗。"将军"半眯着眼睛，似乎在观察着这些入侵者们，可它没有像我想象中那样扑过去，而是大度地闭上了眼睛。不一会儿，"将军"干脆进入了梦乡，流起了哈喇子。

陪"将军"出去散步绝对是件很神气的事。"将军"雄赳赳，气昂昂，一面东嗅嗅西闻闻，一面留下记号，把它觉得看着顺眼的土地收入囊中。道路两旁不时有一两条叫不上名的狗狗冲着我们汪汪大叫，大概是怕"将军"会霸占它的领土，又忌惮"将军"的威武，不敢冲到面前来。"将军"就这样，在一片狗吠声中挺着胸脯，扬着脖子，横冲直撞，哪里还会顾得上作为它下属的我已经是一路小跑，气喘吁吁。

这就是我时而威风、时而调皮、时而贪吃、时而大度的好朋友——"将军"！

我家的"四大天王"

米家勇

我家的水池里，住着"四大天王"，它们就是我养的四只小乌龟。

"炸药包"是"四大天王"之首，也是一个游泳健将。它游起泳来像参加比赛的选手一样，快如闪电。你要想抓住它，它一会儿向东游，一会儿向西游，根本抓不住。它的脾气也相当火爆，如果谁敢惹它，它一定不会善罢甘休，其他小乌龟都吃过它的亏，躲得远远的，简直就像一个恶霸。

"大胃王"是个美食家，胖胖的，背部就像一个小山。它的肚子就像一个无底洞似的，香的、臭的、肥的、瘦的，统统来者不拒，好像永远吃不饱。这样下去，金山银山也不够它吃的。

"小臭美"的眼睛像两颗红豆，龟壳上的花纹也很精致。它没事就趴在水池边的小镜子旁美美地照镜子，欣赏自己，照来照去，左顾右盼，好像在说："镜子镜子，快告诉我，谁是世界上最美丽的乌龟？"

"小黑豆"是"四大天王"里最小的一个，顾名思义，它长得又黑又小，只有小孩儿拳头那么大，可是它的本领却不小。它平时没事就趴在那里一动不动，练它的"石头功"。哪怕你用棍子去敲打它，它也纹丝不动，令人无可奈何。

这就是我家淘气又可爱的"四大天王"，你们都认识它们了吗？

小 妖 精

李 越

上幼儿园的时候，妈妈曾送给我一只黄鹦鹉，这只黄鹦鹉一眼看去特别妩媚，尖尖的小嘴巴，两只勾魂似的眼睛，一身金黄的羽毛，你说它不就是活脱脱的一个"小妖精"吗？

"小妖精"和我相识可以说是一见如故，它是一点儿也不怕生，我坐在它边上看它，它会用它尖尖的小嘴亲我两下，我也颇为享受。它也会在我无聊的时候穿着它那引以为傲的舞衣在我面前舞上几曲。我给它安顿在一个像样的房子中，每日伺候它一日三餐，它呢，看上去也还算是欢快，只是我经常看到它用它的小嘴去啄它的房门。

它的胃口一直不是很好，我想过很多办法，各种美食，各种喝的，它都不为所动。看着它每日在我放学时都会朝着我叽叽喳喳，上蹿下跳，我便会放心地去写作业。

一日，我写完作业正想和它一起分享美味的三明治时，我傻眼了，它的房子空空的，房门开着，它飞走了，想来它每日用它的小嘴去啄房门正是在练"开门功"，为有朝一日离开我做准备。

我的情绪很低落，我用心地待它，为什么它要离我而去，它真真是一个"小妖精"，朝三暮四的"小妖精"。妈妈告诉我它属于大自然，我们把它困在房中它很不快乐，它需要它的伙伴和它的家人，这样我又开始理解"小妖精"了。

　　"小妖精"是怎么打开门的，我想它靠的不仅是力气，还有的是对大自然的向往和对亲人的思念。

黑色小战士

米嘉禾

也许你喜欢典雅的金鱼，也许你喜欢通人性的小狗，也许你喜欢呆萌的小兔，而我却喜欢调皮好动的小猫。

外婆家养了一只小猫，一双亮晶晶的大眼睛闪闪发光，像是镶在脑袋上的两颗黑宝石。耳朵像两把尖尖的匕首，高高竖起。黑色毛发里夹杂着一撮一撮白色的毛，十分和谐。如果你对它"喵喵"叫一声，它会歪着小脑袋，眼睛圆鼓鼓，用更大声的"喵喵喵"来回应你。因为它小，且十分好斗，所以我们都叫它"黑色小战士"。

小战士对强大对手很会随机应变。当它遇上家里的那只大狗时，小战士首先挑起战争。瞧，它俩又要开战了。只见小战士放低身子，弓着背，踮起脚，发出"喵喵喵"的挑战信号。而大狗也不甘示弱，发出"汪汪汪"的吼声，迎接着小战士的挑战。小战士主动发起了攻击，它双腿一蹬，像离弦的箭向大狗冲了上去，它们俩纠缠在一起。小战士眼看打不过敌手，突然来了一个三百六十度的滚地旋转，三十六计，跑为上计，闪电般蹿到了柜子底下，成功甩掉了大狗。大狗由于身子太大，进不去，只好在外面蹲守着，蹲着蹲着，就睡着了。小战士见此情景，就跳出来偷袭大狗，得手以后，赶紧溜走，就像打游击似的。这样一来二去，它俩打出了感情，打出了友谊，打出了和平，成了最好的玩伴。

小战士对弱小的对手却百般客气。有一次，不知从哪里捉来一只蜻蜓，小战士先把它放在地上，当它的爪子一松，蜻蜓的翅膀"扑扑扑"地想要飞走。小战士见状，迅速将它按住，蜻蜓不动了。接着又爪子一松，蜻蜓又想要飞，小战士又把它按住。像这样重复好几次，直到蜻蜓累了，小战士也累了，才握手言和。

小战士还有温顺的一面。每次做作业时，它都会在我脚下蹭来蹭去，它那柔软的毛，有时像极了冬日里的暖阳，温暖着我的心；有时又像夏日里的风，轻拂着我的脸，舒服极了。它伸了伸懒腰，打了打哈欠，居然在我的脚下呼呼大睡起来。在小战士的呼呼声中，我愉快地做着我的作业。

这就是"黑色小战士"，面对强大的对手可以随机应变，对弱小的对手百般客气，而且还有温顺的一面哦。

美丽的九寨沟

陈 鑫

俗话说"黄山归来不看岳，九寨归来不看水"，没想到，我竟有幸来到这"人间仙境"——九寨沟。

九寨沟因沟内有九个藏族村寨而得名。九寨沟里面最著名的就是水，沟内有大大小小、形形色色一百零八个海子，泉、瀑、河、滩构成一个个五彩斑斓的瑶池玉盆。这里鸟语花香、山清水秀。你看，鸟儿们在窃窃私语，正闲聊着自己一天的所见所闻；花儿的香味，引来了蝴蝶与蜜蜂，蝴蝶正躺在花床上享受着阳光浴，而蜜蜂正贪婪地吸吮着花蜜。山是那么的青，青得逼你的眼，一棵一棵的树耸立在光秃秃的山上，与孤单的山峰做伴；水是那么的清，清得可以看见底下的沉石，鱼儿们正吐着泡泡，说着悄悄话，迎接美丽的风景。池里的沉石，正在诉说着自己的快乐时光；朽木正静静地躺着，等待着它苏醒的一刻；水草跟着微风跳着优美的舞蹈！

时隔多年，让我印象最深刻的要数五彩池和诺日朗瀑布了。黄龙的五彩池不仅多而且大，而九寨沟只有一个，那在九寨沟独居的五彩池，仿佛是九寨沟里的"镇沟之宝"。它犹如一个风姿绰约的少女，在神州大地上展示着它的美。它晶莹剔透，像珍珠，似钻石，如翡翠。五彩池，顾名思义，就是五颜六色的了，有如翡翠的绿、宝石的蓝、橘子的黄、珍珠的白、铁锈的红，它们交织着，结合着，映衬着，构成了一幅璀璨夺目的风景画。不知是人工制作，还是大自然的鬼斧神工，这池不但五彩斑斓，而且还是阶梯状的，太神奇了。据说，在里面洗了手，还可以带来好运。于是，我迫不及待地跑去大洗特洗了一番，仿佛洗的不是手，而是好运呢。正当岸上的人们叽叽喳喳地议论着它的美时，它却默默地等待着下一批游客的到来。

远远地，我们就听见了哗哗哗的水声。没错，那是瀑布。诺日朗瀑布是九寨沟里最大的瀑布。它犹如一个风华正茂的少年，展示着它特有的魄力。看，瀑布如巨幕般倾泻而下。咦，珍珠，珍珠！这不是珍珠，而是飞溅的水珠，可它比珍珠更珍贵。听着哗哗声，感觉着珍珠打在脸上，顿时，我的烦闷消失了，感觉惬意无比。爸爸拿着相机，抓拍下了我这舒适的神情，这一刻，永远地留住了我的快乐、我的幸福、我的回忆。

这，就是如梦如幻如仙的九寨沟！

魔幻之美

杨　颖

我最喜欢看天上的云，它变化莫测，形态各异，美不胜收！

早上的云洁白如雪，犹如一朵朵盛开的百合，在空中随风飘荡，伴我上学。

傍晚的云就像秋天的枫叶，红得似火，这就是"火烧云"。这时的天空就像无所不能的魔术师，刚刚云还像一匹汗血宝马，在蓝天上"嘚嘚嘚"奋蹄驰骋，眨眼间变成了一条巨龙，在天空中张牙舞爪，发出凶狠的吼声；还没等我看清它的外貌，又变成了一只温顺的绵羊，品尝天上的灵草，还不时发出"咩咩"的叫声；一阵风拂过，云又变成了一头凶猛的狮子，恰似温顺的绵羊被狮子一口吞了；我正要驱赶这头讨人厌的狮子时，它又摇身一变，变成了一只无比可爱的兔子……

雷阵雨前，在隆隆的雷声中乌云逐渐把白云"消灭"，由一小块变成一大片，最后竟像风暴，席卷长空，似乎即将要倾向大地的不是大雨，而是浓浓的墨汁，令人惊畏。这时的云幻化成一个妖怪，吓得我魂飞魄散，转瞬间又变成一头凶残的猛兽，挥舞着四肢攻击地面，正当我准备后退两步时，云又变成了一只凶神恶煞的怪兽，它在天空中怒吼了两声，吓得我差点儿摔倒。

暴雨过后，天放晴，天空出现彩虹，犹如花束编织的环带，缀在蓝色的裙襟上。在彩虹的映衬下，天似乎更蓝了，云也更多、更厚了！云变化得也更快了，一会儿变成小狗，一会儿变成仓鼠，一会儿又变成奶牛……

我喜欢看云，喜欢它变化出的种种故事。

我的家乡

杨　璐

　　我的家乡在江苏海门。它没有大都市的繁华喧闹，也没有大都市那样令人向往。但它是一个美丽富饶的小城，是一个沁人心脾的小城，是一个令人陶醉的小城。

　　你们都听说过教育家、慈善家、企业家张謇先生吧，他就是我们江苏海门人，在我们小城就有他的纪念馆。纪念馆门前有一对威风凛凛的石狮子守卫，跨进大门，照壁上镌刻着张謇的名言："天之生人也，与草木无异。若遗留一二有用事业，与草木同生，即不与草木同腐。"穿过照壁，院子里有一棵二百多年的参天古木——银杏树，它枝繁叶茂，郁郁葱葱，树干最起码五六个人手拉手才能围住。纪念馆主楼是座中西风格结合的二层小洋楼。大厅中间屹立着张謇的半身铜像，他身着西装，戴着领结，目光凝视远方，恰似在思考怎样发展经济，实业救国。进入展示厅，迎面而来是三组雕像，分别是《拾金不昧》《夜读三更》《状元鬻字》。纪念馆展示材料分别从"出生成长""实业救国""教育兴国""社会事业""纪念研究"五个篇章，介绍了张謇一生的奋斗历程和伟大业绩。张謇以强毅力行的精神，创办了大生集团及其附属实业群体，在纺织、交通、商贸、金融和其他服务业都取得了举世瞩目的成就。他一生创办了四十多家企业，三百七十多所学校。

说起张謇，还会想起他创办的颐生酒厂，该厂也在我的家乡。颐生酒早在1906年就在意大利万国博览会获金奖，这是国内酒类在世博会中获得的第一块金牌。在酒厂附近就能闻到浓浓的酒香，嗅着酒香我眼前仿佛出现了一个个装满黄灿灿玉米的酒缸，工人们正在挥汗如雨地用木棒不停地搅拌，好一个热火朝天的生产场面。

我的家乡还有人潮涌动的国际家纺城、由六十余个牡蛎堆垛积而成的蛎岈山、著名的美食海门山羊肉、非物质文化遗产沈绣和海门山歌……

我爱我的家乡！

夏 夜

王 硕

　　我喜欢夏天，更喜欢夏天的夜晚。

　　抬头向天空望去，一轮明月飘在深蓝色的天空中，皎洁的月光照在房屋上，照在树木上，也照在草地上。大地万物仿佛被洒上了一层薄薄的牛乳，又像笼罩着一层朦胧的面纱，我望着这轮明月，不由得想起了李白的诗："小时不识月，呼作白玉盘。又疑瑶台镜，飞在青云端。"这描写的不就是眼前的画面吗？也许担心月亮婆婆太孤单了，小星星们也赶来凑热闹，它们你冲我眨眨眼，我冲你挤挤眉，像是在做游戏，又像在聊天。

　　天空是宁静的，地面上却很热闹。听，蟋蟀在草丛里"啾啾"地低唱，不知疲倦的知了在树上"知了知了"地叫着，五颜六色的小汽车"嘀嘀"地在马路上穿梭着，偶尔能听到小狗"汪汪汪"的叫声，一阵风吹来，树叶发出"沙沙"的响声。各种声音交汇在一起，像一曲优美的交响乐。

　　夏天的夜晚是宁静的，又是热闹的，你喜欢夏天的夜晚吗？

看　云

刘　敏

有人在大海边看云，有人在草原上看云，而我在火车上看云。

今年春节，爸爸妈妈带我坐火车回老家。在车上无聊的时候，我会透过玻璃看天上的云。看着看着，突然发现了一朵形状奇特的云。"妈妈，快来看，你觉得那朵云像什么？"我急切地说。妈妈顺着我手指的方向看去，"我觉得像孔雀开屏，向人们展示它漂亮的羽毛。"这时爸爸也把头凑过来说："我觉得是一只饥饿的猎豹，正在追捕一只惊恐的羚羊。"我说："你们说的都不像，那分明是一只小狗，正趴在地上'嘎嘣嘎嘣'地啃骨头呢。"我们七嘴八舌地议论着……

春节过后，我们依依不舍地踏上了回京的旅途。我还是习惯透过玻璃看天上的云，天上的云变幻莫测，有的像蜀国君臣在追悼诸葛孔明，有的像林黛玉葬花，还有的像三打白骨精时，孙悟空被唐僧赶走……其实，云还是来时的云，天还是来时的天，只是我的心却分外忧伤罢了。

每次坐火车都是相同的旅程，但来回总是不同的心情，看到的云也不同。

善 变 的 云

王展鹏

夏天的云千姿百态，风一吹就换了一个人似的。

清晨，我抬头看见了一座"白云城市"。我想，它们也像我们一样快活吧？风一吹，白云有的像凶猛的老虎，有的像威武的狮子，有的像笨重的大狗熊。

傍晚，威武的狮子成了活泼的小狗，凶猛的老虎成了乖巧的小绵羊，笨重的大狗熊成了美丽可爱的小公主，那红红的颜料成了一只只红蝴蝶翩翩起舞。我想，它们一定在那儿开心地抓蝴蝶。如果是我，我要变成大狮子在云层里奔跑，抓捕猎物，开心地生活。更有趣的是那边的云朵，云朵像电视里有趣的猫捉老鼠，像狡猾的狐狸和野蛮的狗熊在搏斗，像羊在吃草，仿佛在赞扬草很好吃……这画面，神笔马良看见一定也会羞愧万分吧！

云真是善变的东西啊！

美丽的西湖

孙振超

俗话说得好："上有天堂，下有苏杭。"杭州西湖的确是一个令人向往的好地方。我们乘着小木船，荡漾在西湖上，悠闲自在地观赏着美景。我看见过波澜壮阔的大海，游赏过水平如镜的月湖，却从没看见过西湖这样的。

西湖的水真柔啊，柔得仿佛是一位温和的母亲；西湖的水真亮啊，亮得仿佛是小朋友清澈的眼睛；西湖的水真绿啊，绿得仿佛是一块无瑕的翡翠。湖上泛起微波，偶尔能看见彩色的小鱼从水面上跃起，甩了甩那漂亮的尾巴后就轻盈地落入水中，它们给西湖增添了无限生机。我们来到荷花池边，那里的荷花真是"出淤泥而不染"啊！白的似雪，粉的似霞，红的似火，那么艳丽，像一位位亭亭玉立的公主。一阵微风吹过，一池的荷花开始翩翩起舞，引来了许多小精灵前来"做客"。在碧绿的大圆盘底下还藏着许多可爱的小乌龟，它们有的靠自身的浮力在水面上晒太阳，有的跟好友做游戏，还有的好像在练习游泳呢！西湖的桥也是很多的。大多是石拱桥，其中以断桥最为著名，断桥也是西湖十景之一。传说许仙与白娘子便是在这里相逢相识的。起初，听桥名，我以为桥是断的，但看到以后，才知道是座弯曲很大的拱桥。站在桥上，向下俯视，哀残的荷叶在风雨中摇曳，大片积水堆积在荷叶上，几乎把它纤细的腰压折了。偶尔一阵清风掠来，只见它稍稍弯曲将水倾出，又笔直地弹了回来，几株荷叶同时将水倾出，"扑通、扑通"好像在说着什么。如果你够仔细，你会看见金鱼在水中遨游，瞧！它们正在荷叶下躲雨呢！

西湖的美景，不仅春天独有，秋天中的景色也是唯美的。西湖十景，绕湖分布，组合在一起，又能代表西湖盛景的精华。

思　念　的　诗

李雯雯

　　我的家乡没有繁华酥骨的都会，没有静谧侵肌的湖泊，没有幽深奇诡的城堡，没有绿得能融化你所有思绪的大森林。但是，我的家乡却有古色古韵的亭台楼阁，有湍湍奔流的小溪，更有青山绿水环绕的农家小院。弯弯的小河、静静的村庄、浩瀚的蓝天、悠悠的白云、潺潺的小溪、窄窄的小桥构成了故乡诗意的轮廓。

　　家乡的春天，当第一抹春痕出现在大地上时，就意味着大地复苏，乡村也迎来了她的春天。小鸟们飞来飞去，发出"叽叽喳喳"的声音，好像在传播春天来到的消息。柳叶吐出绿芽，远远望去，仿佛是用蜡笔涂上淡淡的绿色，淡雅极了！小草变得更绿了，春风拂过，仿佛是滚滚的绿色波浪流向远方。乡村更美了，人们个个穿得精神抖擞，容光焕发，参天大树整齐地排列在小路旁，老人们在树荫下谈天、下棋，各色花坛弥漫着一阵又一阵的幽香，吸引了许多人观赏。一条清澈见底的小溪，终年潺潺地环绕着这座大山。溪水刚好没过脚面，小鱼、小虾、小螃蟹的影子在石头旁随处可见。几只麻雀在溪两岸松软的草地上"啾啾啾"

地歌唱，小溪发出"啦啦啦"的流水声为麻雀伴奏着，而且水是那么的清，从来不会出现不该出现的东西。家乡的傍晚，小路上铺满了细碎的残阳。稻草披着一件件柔软的金黄绸衫守候在寂静的乡野，田野间蛙儿鸣，虫儿唱。还有那青青草地上等着归家的牛羊。淡蓝色的袅袅炊烟飘荡在蜀西黄昏的村庄，小屋里一定有美味的乡间菜肴。这蓝悠悠的炊烟从屋梢缓缓升起，是催促在田地里劳作的人们回家的诗意符号。那时候田埂上、小河边、老树旁总会有一群小小的身影，村庄很热闹，很丰满，同时也很慈祥。

故乡就像是一支歌，一支越唱越香、越唱越醇的歌；故乡就像是一首诗，一首越吟越舒心、越吟越思念的诗。

夏夜交响曲

熊景亭

夏天的夜晚，是凉爽的，是美丽的，是充满生机的。

夏天的夜晚是凉爽的。在那毒辣的太阳收工之后，夏季的大地就仿佛士兵离开了战场，一下子轻松下来。那正午的炎热就如云雾般一下子散开了。许多人都搬了椅子凳子，坐在大树下，唠唠家常，嗑嗑瓜子，吹吹牛皮，笑声将那黑色的天空点亮了起来。那一颗颗躲着猫猫、充满着童趣的小星星不正是那笑声的精灵吗？

夏天的夜晚是美丽的。不知你是否认真观察过夏季的星空，那调皮的小星星眨着它们可爱的亮闪闪的小眼睛分布在夜空的各个角落。有的连成一架琴，有的组成一只鹰，有的变成一把勺，把夏季深蓝的天空装点得丰富多彩，灵动可爱。青草在月光的照射下，散发出独特的清香，让人不禁止住脚步。驻足于这大片大片的嫩草前，俯下身去，轻触那柔软的叶尖，你便可以享受到夏季带来的美好与快乐。

夏天的夜晚是充满生机的。当你闭上眼睛，走进一片树林，你会听见什么？如果是冬季，你听见的也许只是一片宁静。但

记忆的色彩

如若是夏季，你听到的必定是一场美妙的交响曲。"呱——呱呱——"你听，这是青蛙率先开始它的演唱。"啾啾——啾啾啾——"别的小虫也不甘示弱，纷纷开始展示自己的歌喉。这些声音形成了杂乱但美妙的乐曲，在夜空中久久回响。

夏季的夜晚，永远如此凉爽、美丽，充满生机。

美丽的夜晚

家乡，我爱你

韩 怡

我的家乡在湖北。这里物产丰富，水源充足，交通发达，是有名的鱼米之乡。这里还保存着许多历史建筑，每年都有成群结队的游客慕名而来。

湖北省有"千湖之省"的美誉。相传很久以前，湖北是一片很大的沼泽，叫云梦泽，是当时中原大陆上最大的沼泽。相比之下，连鄱阳湖都要逊色几分呢。现如今这里虽然成了陆地，但水的踪影并没有消失。它成了湖北境内大大小小的湖泊大江。长江、汉江、东湖、南湖、沙湖、梁子湖……数不尽的湖泊洒满了整个湖北。

湖北最有名的建筑要数黄鹤楼了。曾经有许多文人墨客来此吟诗作诗。"晴川历历汉阳树，芳草萋萋鹦鹉洲。"崔颢的《黄鹤楼》生动形象地向我们描述了当时的黄鹤楼周围之美景，也表达了作者对黄鹤楼以及周边景色的喜爱之情。连生在他乡的人都感叹黄鹤楼的美，出生在此的我又怎不为它的美而自豪呢？

最令人叫绝的还是武汉的热干面。那筋道的面条，配上芳香四溢的芝麻酱，再与各种各样的调味料混合在一块，用筷子拌一拌。顿时，十里飘香，让人不受控制地想去咬上一大口，仿佛要一口气吃下整碗面一样。

啊！我的家乡，我爱你！

风 景 如 画

杨育同

　　我的家乡厦门，是个美丽又繁华的城市。

　　厦门是个美丽的城市。它有着漂亮的白鹭洲，白鹭洲的湖像一个文静的姑娘在梳头，点点白鹭在碧波上自由地飞翔，犹如一幅山水画，美丽极了；它有着庄严的胡里山炮台，那一台台大炮，气势雄伟，好像可以轰退千军万马似的，令人为之震撼、为之折服；它有着新奇的万石植物园，那里的花争奇斗艳、万紫千红，白的、红的、紫的，散发出诱人的芬芳，只见一只只五彩缤纷的花蝴蝶在花丛中翩翩起舞，令人心旷神怡……我最喜欢的，还是鼓浪屿，鼓浪屿的建筑犹如一曲曲凝固的音符，充满了异域的风格，一座座英式、法式、德式的房子，耸立在海边，好像在诉说着它那悠久的历史，令人流连忘返。漂亮的白鹭洲、庄严的胡里山炮台、新奇的万石植物园，再加上充满着异域风情的鼓浪屿，构成一幅多姿多彩的画卷。

　　厦门不但美丽，而且繁华。一年一度的投洽会使厦门走在世界的前沿，即将到来的金砖会议，又将使厦门走向一个新的高度。看，那里就是繁忙的东渡国际码头，它是海上的货运枢纽。

每天都有一艘艘的远洋巨轮开进港口，一只只"大手臂"提着一个个集装箱运进厦门。一艘艘的远洋巨轮、一只只"大手臂"，构成欣欣向荣的景象。

　　充满着异域风情的鼓浪屿，再加上欣欣向荣的东渡国际码头，构成一幅厦门的风景画，我爱我的家乡——厦门！

美丽的鼓浪屿

陈　聪

厦门的景点十分多，如同天上的繁星一样数不清，但有一颗星星最为耀眼，它就是我们厦门最美丽的景点——鼓浪屿！

鼓浪屿有许多美丽的景点，如雄伟壮观的日光岩，清秀典雅的菽庄花园，正气凛凛的龙头山寨……其中最有特色的还是鼓浪屿的建筑。鼓浪屿以前曾是各国使馆所在地。现在，各国使馆的遗址还在那里，很值得一看。还有各种各样的祖宅、纪念馆与教堂，如黄氏祖宅、三一堂等，那祖宅、教堂并不是旅游景点，而是一种精神的传承。

鼓浪屿有着深厚的文化底蕴，这里还出过不少名人，有中国现代妇产科医学奠基人林巧稚、中国语文现代化先驱卢戆章、中国现代体育启蒙家马约翰等。从19世纪中叶起，伴随着基督教的传播，西方音乐开始涌进鼓浪屿，与鼓浪屿优雅的人居环境相融合，造就了鼓浪屿今日的音乐传统，培养出周淑安、林俊卿、殷承宗、陈佐煌、许斐平等一大批杰出的音乐家。如今，鼓浪屿的人均钢琴拥有率为全国第一，所以又有"琴岛"之称，岛上有一百多个音乐世家，2002年鼓浪屿被中国音乐家协会命名为"音乐之岛"，后来，还被联合国认证为世界文化遗产，声势更加壮大。

鼓浪屿以其婀娜多姿的自然风光和积淀深厚的文化底蕴，成为国家重点风景名胜区。

我爱美丽的鼓浪屿，更爱美丽的厦门！

彩色的家乡

李宗昊

　　我的家乡山东招远是金色的，是银色的，是彩色的。

　　我的家乡是金色的。我的家乡是中国金都，盛产黄金。来到首饰城，首饰城里有黄金、铂金、彩金的首饰，在灯光的照射下，有的很纤细，像美丽的小姑娘；有的很厚重，像时髦的贵妇人。离开首饰城，来到淘金小镇的淘金河。拿起淘金用的木板，往水里一插，只听见河水的"哗啦哗啦"声。我正在专心致志地淘金，听到别人大喊了一声"淘到金子啦"，我过去一看，在泥土色的木板上，有一粒黄澄澄的金子，跟沙粒一般大小。

　　我的家乡是银色的，它是龙口粉丝的发祥地，被称为"银丝之乡"。来到晒粉场的外边，从远处一看，像从天上掉下来的一大片云朵。走近一看，在晾晒粉丝的架子上搭着粉丝，一排排的，很整齐，像飞流直下的瀑布，像缓缓流动的河水。被风一吹，又像流星划过天空留下的美丽的弧线。偶尔有几只小麻雀飞过，像墨水滴在空白的纸上。

　　我的家乡是彩色的。春天的樱桃，有黄的，有红的，有黄中透红的，有红中透黄的。夏天的西瓜，拿刀一碰深绿浅绿交错的皮，"咔"的一声，西瓜就裂成两半了，露出红红的瓤。我大饱口福地吃着，我的肚子也变成了一个小西瓜。我喜欢秋天的红富士苹果，苹果像我玩痛快之后红扑扑的脸。

我的家乡真美啊！我怎么能不爱我的家乡？

夏 天 的 云

李祥吉

夏天美丽的东西有很多，但我最喜欢的还是夏天的云。

晴天的中午，天空上的云朵变化多端。有时像一只温顺柔弱的小羊在吃草；有时像一根巨大的、七彩的棒棒糖；有时又像一只斑斓的华南虎在咆哮；最后又变成一座城市在空中飘着，上面的人们有的在低声交谈，有的在高声叫喊，还有的在享用一顿大餐。

傍晚，天空好像被火烧了一样，红彤彤的。红红的云朵有时像一把火焰长枪，刺死前方的敌人；有时像一群穷凶极恶的狼在追赶前方的小羊，小羊十分机灵，狼怎么也追不上；有时候像一片红色的大海，波澜壮阔、波涛汹涌，十分壮观。

夏天的云五光十色、变化多端，我真喜欢夏天的云啊！

记忆中的那朵云

范晓文

云，飘忽不定，变化多端。

不记得第一次看云是什么时候，只记得小时候妈妈带我看云：那是嫦娥，那是孙悟空……

小时候，和小伙伴一起玩捉迷藏。我们玩累了，就坐在草地上抬头看云。不知是谁先说了一句："那云像一只狗。"于是，我们纷纷接上："那云像孙悟空在打白骨精。""那云像一只天狗在食日。""那云像一个顶天立地的巨人撑着天地。""嘿，看哪！那不是嫦娥奔月吗？"时间就在谈笑中缓缓过去。

暴雨前的云就像一个个张牙舞爪的妖怪。暴雨过后，道道阳光照射大地，妖怪纷纷败退。如今，学习日益紧迫，悠闲的时光也很少了。

"众鸟高飞尽，孤云独去闲。"那朵承载着我情思的云，也在目光的注视中，越飘越远，越飘越远……

美丽的夜晚

美丽的夜晚

彭 昆

生机勃勃的春天走了，迎来了烈日炎炎的夏天。夏天，不但有烈日下的大海，而且有同样美丽的夜晚。

夏天的夜晚绚丽多彩。夜幕渐渐降临，街道上车水马龙，大人和孩子都正要回家。街道上的霓虹灯五光十色，黄的、蓝的、红的……形状也各式各样，黄色的小鸭、蓝色的大海、红色的十字……美丽而多彩。

夏天的夜晚是宁静的。夜幕完全笼罩大地，天空一片黑暗。狗不叫了，车道上也无车辆在行驶，就连玩耍的孩童也失去了踪影。大家都已安然入梦。只有青蛙还偶尔发出几声"呱呱"的叫声。真是一幅美丽的夏夜风景图！

夏天的夜晚，不同于春天的生机勃勃、秋天的硕果累累、冬天的白雪飘飘，夏天的夜晚，自有它的一番情趣，我爱夏天的夜晚！

漫　步

李妮妮

　　傍晚，吃完饭，我到公园散步，一进门就听到一曲"音乐"正在演奏，我想一探究竟，就顺着"音乐"跑了过去。

　　真静啊！只听到知了站在树上津津有味地弹琴呢，吱吱，吱吱……青蛙在荷叶上闭着眼睛敲着木鱼，呱呱，呱呱……原来是它们在演奏"音乐"啊！我不由自主地拍起手来！

　　真美啊！只看到小星星顽皮地在深蓝色的天空上直眨着眼睛，好像在和月亮婆婆做游戏呢！月亮婆婆见了它们调皮的样子，躲在云朵里和孩子们玩捉迷藏呢！

　　真香啊！只闻到茉莉花正散发出自己的"香水"味。我小心地抚摸着一朵茉莉花，它那五片洁白的花瓣，好软好嫩啊！我又闻了闻，啊！好香啊！我陶醉在那"香水"之中。我仿佛看见茉莉花仙子在舞台上认真地跳舞呢！

　　真安静啊！真美丽啊！真香啊！我爱这美丽的夜晚！

夜

梅小丁

我喜欢夜晚，喜欢夜晚的凉风，喜欢凉风中那闪亮的萤火虫。

农村的夜晚，萤火虫正提着绿色的小灯笼在飞着。白天工作的耕牛在这时也已经呼哧呼哧地睡着了，这时的风呼呼地刮起来，吹在人身上，让人感觉十分凉爽。天上的弯月如一只小船稳稳地停留在空中，这小船亮得发白。

城市里的夜晚十分的喧闹。大街上，散步的人们特别多，汽车的喇叭声也不时响起。这时的城里五光十色，从这座楼上射出绿色的灯光，从那座楼上又射出蓝色的灯光，五彩缤纷，美不胜收。街上的车辆很多，车灯亮起了无数的灯光，照射在一些有颜色的楼台上，这座楼台是绿色的，那座楼台是紫色的，五光十色，数不胜数。

我喜欢夜晚，喜欢夜晚大街上的喧哗，更喜欢农村夜晚的宁静。

爱 云 说

王丽娜

　　看云是一件别有趣味的事。

　　早上太阳还未升起，云朵们都躲在浓重的夜幕之后。当第一缕阳光射向大地的时候，浓重的夜幕徐徐拉开，幕后的云朵披上了一层淡淡的金光。当太阳手握无数把金剑划向整个天空，夜幕"哗"地一下完全被撕碎了。云朵们终于现出了身影，既像刚出生婴儿的小脸蛋儿，又像仙女挥舞的彩带，还像精灵曼妙的舞姿。早上的云充满希望，带着柔嫩，透着喜悦。

　　中午，蔚蓝的天空上飘着洁白的云。天映衬着云，让云显得更加洁白。云点缀着天，让天又显得更加的蓝。抬头仰望，有的云像水中游动的鱼儿，闭上眼睛，仿佛能听见那"哗哗"的拨水声；有的云像凶猛的狮子张开嘴巴发出吼声；还有的云像一位挂着拐杖的老人颤巍巍地走着。一阵风吹过，鱼儿游上了天空，变成了鸟儿，扑腾着翅膀；凶猛的狮子变成性情温顺的小绵羊，咩咩地叫着；步履蹒跚的老人也变成了在地上打滚儿的小儿。中午的云真是变化多端。

　　傍晚，太阳落下了山，晚霞染红了整个天空，洁白的云变成

美丽的夜晚

了一朵朵火云。火云既像一张巨大的渔网笼罩着天,又像翻滚的黄河在咆哮,还像等待出征的千军万马。听,"呜——呜——"出征的号角已经吹响。"咚咚——咚咚咚——"战斗的鼓声已经擂鸣。"风萧萧兮易水寒,壮士一去兮不复还",说的正是这些将士们吧。傍晚的云是气势磅礴的。

我爱云,爱它的身姿,爱它的形态,更爱它的气势。

圆　　圆

蔡宇川

　　我有一个亲密的小伙伴——布偶猴子。

　　我的小伙伴十分可爱。抱在怀里，软绵绵的，暖乎乎的。抱着它，我就像拥有了整个世界。它有一个圆圆的脑袋、一对圆圆的耳朵，一双充满灵气的眼睛仿佛会说话，又大又圆。所以我给它取名叫"圆圆"。圆圆穿着橙色的外衣，系着粉红色的围巾，围巾上面还有一朵黄色的小花呢。看到这样的圆圆，有谁会不喜欢呢？

　　圆圆是我的忠实听众。每当读诗词时，我会把它抱在我的腿上，给它吟诵"天生我材必有用，千金散尽还复来""会当凌绝顶，一览众山小"。当我看它时，仿佛看到它眼中的两个小问号。"诗词的意思，你现在不懂没关系。等你长大了会慢慢明白的。"这话是说给圆圆听，也是说给自己听。

　　每当弹钢琴时，我会让圆圆坐在它的专属小凳上，为它演奏《月亮代表我的心》《致爱丽丝》。当我的十指在黑白色的琴键上翩翩起舞时，美妙的旋律也随之飘荡起来，我们均已陶醉其中。一曲完毕，只见圆圆的眼睛里充满了对我的崇拜，这时的我无比自信。

　　圆圆是我的知心好友，心事与愿望，我都会同它分享。记得第一次被选为班长时，我激动的心情在学校压抑了一整天。回到家，我一把抱起圆圆又蹦又跳，语无伦次地说着："班长，圆圆，我当班长了，你知道吗？……"圆圆的眼里满是笑意，它在为我的开心而开心，我整个人都飞扬起来。

　　圆圆是我的守护神。每晚睡觉，它就像妈妈一样陪伴在我的身旁。有它在，我一点儿也不害怕。"我打，我打死你。"噩梦中，我手脚并用地同怪兽搏斗着，眼看怪兽就要将我一口吞下，在这千钧一发之际，我顺手抓起一件兵器扔了过去，瞬间，怪兽灰飞烟灭。睁开眼睛一看，圆圆被我扔到床下去了。我赶紧将它捡起，圆圆的眼睛在黑暗中像两颗明亮的星星，闪闪发光，仿佛在安慰我那怦怦乱跳的心。我抱着圆圆，整颗心逐渐安定下来，重又进入梦乡。

　　圆圆是我的好伙伴，它参与了我的整个童年。我又是多么的幸运，能够拥有它。

丁丁与当当

黎　严

　　我有一只小狗，是爸爸收养的流浪狗，妈妈给它取名当当。因为我小名叫丁丁，妈妈说："丁丁当当，这下子家里可热闹了。"

　　小家伙长得十分可爱。它的耳朵总是垂在脑袋上，一副小可怜样。两只眼睛黑溜溜的，像两颗黑宝石，点缀在脸上。"宝石"下面，是黑溜溜的小鼻子，像一颗黑色的葡萄，那颗"葡萄"总是不停地这边闻闻，那边嗅嗅。"葡萄"下面是一张大大的嘴巴，总是伸出粉嫩的小舌头来舔我的手。它全身有着黄褐色的毛，耳朵和尾巴是黑色的，四只脚和尾巴尖又是白色的，真让我捉摸不透。

　　小家伙是个贪吃鬼。每次它看见自己的狗粮袋，都恨不得扑上去，钻进里面吃个够。若看见家里有人吃东西，它便会飞快地跑到你脚边，挨着你的脚坐下，讨好地摇着它的小尾巴。要是你不理它，它便对着你发出呜呜的撒娇声。你要是还不理它，它便扒着你的腿站起来，用小爪子轻轻拍拍你的腿，好像在说："别一个人独吞呀，我也要吃，我也要吃。"

　　小家伙很懂规矩。每次爸爸给它喂狗粮，它总是坐那不动，等到爸爸说可以开吃了，它才冲上去，狼吞虎咽起来。至于陌生人给的东西，它是从来不吃的。一次，姐姐来我家玩，看见小家伙可爱，便拿了它平日最爱吃的火腿肠喂它。它看看火腿肠又看了看爸爸，爸爸说不能吃，它就坐在那里不动。姐姐把火腿肠的外衣剥去，送到它鼻尖时，它只抽动了几下鼻子，转身走了。它可真是个听话的好孩子。

　　我喜欢这个小家伙，喜欢它的可爱，喜欢它的贪吃，喜欢它的懂事。

我的小伙伴

王玉洁

在我居住的小区里，有一潭池水，池水里，有一朵朵的荷花，它们陪伴着我度过了一个个的春夏秋冬，真是我的好伙伴！

荷花的外表十分美丽。荷花的花茎是绿色的，虽然看上去十分柔弱，但却能撑起整个荷花。荷花的花瓣是粉色的，衬托着花蕊的开放；花蕊也是粉色的，清雅而高贵，美丽极了。

美丽的荷花就像一位水中仙子。我不高兴的时候，她在水中美丽地舞蹈，像是在给我驱散烦恼。我高兴的时候，她在水中唱歌，好像是在给我庆祝。

荷花陪我走过了一个个春秋，给我驱散烦恼，真是我的好伙伴啊！

我的好朋友

崔羽嫣

外婆养了一只老母鸡，它是我的好朋友。每次我去外婆家都会和它玩。

老母鸡的样子很可爱。它的羽毛是褐色的，比我的手指还长，摸上去软软的。它的眼睛圆溜溜的，像两颗珍珠嵌在脑袋的两旁。而它走起路来昂首挺胸，一副信心满满的样子。更特别的是，它走路时总是伸长着脖子，前后摇摆着它的头，活像一位大舞蹈家在表演新疆舞。

别看它是位舞蹈家，可它吃饭时却远不如舞蹈家优雅。它和我一样，一日三餐。通常，外婆会倒一点儿剩饭到它的餐盘里，或是撒一把稻谷。这时，它可以按心情选择，现在吃或马上吃，不像我没得选。不过大概是跳舞用掉了太多力气，饭一到餐盘里，它就"嗒嗒嗒"地吃了起来，节奏有板有眼。很快，餐盘一扫而光，而这位饿得跟狼似的舞蹈家竟不知足地"咕咕咕"叫了起来，一副还没吃饱的样子。它每天吃这么多，怪不得这么肥。

虽然这位舞蹈家挺肥，但它可比其他舞蹈家灵活。有一次在外婆家，我悄悄地跟在大舞蹈家的后面，企图"绑架"它。可它的视力特别好，无论从哪个角度都能看到我。我加速，它也加速，还一会儿跑一会儿跳，似乎在说："哈哈，抓不到我吧。"后来，我把它赶到了墙角。它往旁边一跳，好像不怕掉到水沟里。可我猜错了，它做出了一个标准的"大鹏展翅"的动作，竟飞了过去！我跑过去继续追。此时，我追的已不是一位舞蹈家了，而是欢乐，是甜蜜，是友谊。我与大舞蹈家构成了一幅温馨的画卷。

大舞蹈家永远是我的好朋友，每次我去外婆家总是最先想到它。

快乐时光

武 罗

夜静下来了，一轮圆月高高地挂在夜空，皎洁的月光洒在大地上，仿佛给大地铺上了一层银白色的薄纱。白天的嘈杂被黑夜的宁静给取代了，可是，短暂的宁静却被一群顽皮的蟋蟀打破了，它们着急地叫着，像是在呼唤同伴玩耍，又像在开音乐会，高高低低，混乱中似乎又有一些规律，就这样形成了一首特别的交响乐。树林里还有闪着光的精灵——萤火虫，它们挥舞着翅膀，在半空中旋转、跳跃，像是体操运动员在单杠上回旋，又像芭蕾舞演员在舞台上翩翩起舞。黑夜中，就连倒挂在山洞里白日做梦的蝙蝠，也纷纷外出觅食，它们有着尖利的牙齿，悄无声息地扑向它的猎物，动作迅猛、凶狠，凡是被它盯上的动物都无法逃脱。

城市里，白天的炎热还没有完全褪去，空气中仍然感觉得到一丝丝的热浪，几乎每个院子门前都有纳凉的人围在一起谈天说地，老人们摇着蒲扇、拉着家常，小孩子就在他们周围追逐嬉戏、打闹玩耍，每个人都各自有各自的快乐与喜悦。广场上，一群群跳舞的人们随着音乐的节奏扭动腰肢，周围高楼上的霓虹灯闪着五颜六色的光芒，蓝色、红色、黄色、绿色、紫色，绚丽多彩，美丽极了。

在这炎热的夏夜，我最爱做的事就是一边吃着冰激凌一边看着电影。可是，这种快乐的时光却常常被妈妈的唠叨打断："别玩太晚了，还是早点儿睡觉吧！"虽然不情愿，但是我也只得听妈妈的话，乖乖地上床睡觉，夏天的夜就是这样快乐又不满足。

我 喜 欢

蔡宇川

　　我喜欢的事物有很多，但是我最喜欢的还是夏天的夜晚，美丽而又热闹。站在阳台，昂首望去，天空如同一条幽蓝幽蓝的长河，宁静而又辽远。弯弯的月牙正如一位害羞的仙子在河中沐浴，遮遮掩掩，躲躲藏藏。大大小小的星星，散发着奇异的光芒，它们是仙子遗落在长河里的珍珠和钻石吧。夜空在星星与月亮的映衬下显得更加广袤无边，月亮和星星在夜空的衬托下显得格外皎洁璀璨。

　　远处，一幢幢大厦，仿若连绵起伏的山峦，鳞次栉比，高耸入云。大厦上的霓虹灯，五彩斑斓，绚丽多姿。绚烂的灯光勾画出大厦的轮廓，使大厦显得格外巍峨雄壮。霓虹灯在大厦的陪衬下，显得更加光芒四射。让人不得不感叹："好一幅城市夜景图啊！"

　　附近的池塘，静悄悄的，平静得像一面银色的镜子，映出了树木斑驳的黑影。远处霓虹灯的光芒，投射在水面上，好像一道道彩虹，又像一座座龙门。整个池塘，看上去就像一幅朦胧而又美丽的水墨画。突然，一只小鱼从水面上跃起，它想学鲤鱼跳龙门吗？小鱼因为池塘而有趣，池塘因有小鱼而增添了一分生机。

细听，草丛里可热闹呢！有青蛙"呱呱"的唱歌声，有蟋蟀"哩哩"的节拍声，还有树上鸣蝉"知了"的应和声。各种虫鸣声，交织成了一首动听的乐曲。微风过处，杨树"唰唰，唰唰"作响，它是为这美妙的音乐鼓掌呢！

璀璨的星空，斑斓的大厦，平静的池塘，热闹的草丛，不正是一幅浓墨重彩的画，叫人如何不喜欢！

魅 力 夏 夜

杨韫嘉

四个季节里我最喜欢的是夏天，夏天里我最喜欢初夏的夜晚。

初夏的夜晚是那样的婀娜多姿。你瞧，月亮有时弯下腰，好像一条弯弯的小船；有时月亮变成一团，好像一个皮球在地上滚来滚去。这是一个婀娜多姿的夜晚！

初夏的夜晚是那样的美。天上月亮婆婆和小星星手拉手在跳着舞，好像在给小朋友们看呢。小朋友们见了都迫不及待地想看完这场表演。这是一个富有弹性的夜晚！

初夏的夜晚是那样的静。好像只能听见知了"知了知了"的叫声，青蛙"呱呱呱"的歌声，蚊子"嗡嗡嗡"的振翅声。小草和花朵竖起了耳朵，洗耳恭听地享受这场音乐会。这是一个音声朗朗的夜晚！

初夏的夜晚是那样的香。你在花丛边闻一闻，好像就能闻见花朵散发出的淡淡的香味。吸口气，淡淡的、幽幽的味道扑面而来。这是一个充满清香的夜晚！

童 年 趣 事

欧阳宇轩

夏天的晚上，天黑得很晚。每天吃过晚饭，天色虽然还没有黑，但却有了一层薄薄的灰色。每当这个时候我们就出去集合了。

我每天都会约着两个伙伴去骑自行车。我们骑在红色的小碎石子铺成的弯曲小路上，你追我赶，不分上下，汗水把衣服打湿了。我们都口干舌燥，心里却能感受到夏日闷热中的一丝凉风。我们骑车到欢乐谷外面去买冰淇淋。当看着乳白色上面点缀着小黑点的冰淇淋的时候，还没吃到嘴里，心里已经凉快一半了。轻轻舔上一口，香草味里混合着淡淡的巧克力味，凉得快要把我的舌头冻掉了，心里却快要飞上天了。

吃完了冰淇淋，我们又打起了水仗。我拿着水枪静静地躲在大树后面，看着小伙伴在外面跳来跑去寻找目标，不经意间路过我旁边，我就突然跳出来，指着天上说："看！有飞碟！"趁他往天上看时，我"噗噗"射两枪，然后拔腿就跑，他却立在那儿一动不动，等他反应过来的时候，我已经趁着夜色，跑得无影无踪了。

夏天的晚上是多么美妙，叫我怎么能不喜欢呢？

天空调色板

幻 之 美

武 杰

夏天的云千变万化，随着时间和天气而变幻。

清晨的云雪白雪白的，在蓝天上缓缓飘动，既像正在演奏着一首优美舒缓的轻音乐，又像蓝色地毯上的一朵朵白棉花，还像在河边喝水的一群群灵巧活泼的小羊羔，也像一只只笨拙慵懒的大熊猫。这样温柔的云随着一阵风吹来，他们又变换了色彩和形状，有的就像公园门口卖的棉花糖一样，一丝丝、一团团的，让人恨不得冲上去咬上一口。有的云朵又是一块一块的，方方正正，看上去就是一板美味的白巧克力。这样的云一到了烈日高悬的正午就会消失得无影无踪，仿佛烈日的高温把它们全都融化了一样，不留一丝痕迹。

直到傍晚，没有了白天的烈阳，云才胆怯地探出个头，仿佛在害怕烈日再次把它们烤着了。它们穿着华丽的白礼服，好像要去参加宴会一样。可是老天爷不小心打翻了红墨水，倒在了云的白礼服上，一瞬间，云的礼服就变成了朱砂红。在太阳的照映下，红得似火，美得如花，好似剧场里的红绒幕布一样。可是这样的美景只有晴朗的天气才可以看到。

一到了雷雨天，云儿便不再那样温顺可爱，不再像小羊羔，而是随着狂风不停地在天空中翻滚着，犹如大海的波涛一般汹涌澎湃，又像凶残的恶魔在天空中俯瞰着大地，露出它那狰狞的獠牙，就像要把整个世界吞噬了一般，还不时发出"轰隆隆，轰隆隆"的低号。

　　这就是夏天的云，千变万化，多姿多彩。

夏 天 的 云

梁广新

你知道夏天的云是什么样的吗？不知道，就跟我来看看吧。

早晨，在湛蓝的天空中，飘着一缕缕轻纱似的薄云，它们各式各样，神态各异，雄姿勃勃，气势非凡。它们像大象喷着"云水"，又像蝴蝶在空中翩翩起舞，还像柔软的、鲜嫩的树叶，能当作蚂蚁的伞。这些大象、蝴蝶、树叶，在天空中你追着我，我追着你，嬉笑打闹，犹如天上的云也创建了一个童话王国。蓝天有这么多的伙伴，怎么会孤独呢？

中午的云是美不胜收的。你瞧，一大片一大片的云在天上飘舞，有的像温顺柔软的小白兔，有的像雄起起气昂昂的大熊，还有的像随时处于戒备状态的、"汪汪汪"叫的小狗。小白兔、大熊、小狗既像在玩捉迷藏，又像在跳跳绳，它们蹦蹦跳跳，它们生机勃勃，它们充满活力，就像时刻在上演着精彩的演出。我看着越高兴，它们就演得越投入，它们演得越投入，我就看着越精彩。

晚上，太阳周围的云变得更红了，仿佛像燃烧的火焰一样耀眼、明亮，仿佛打翻的葡萄酒滴滴洒落、片片醇香，又仿佛七彩的锦缎一般柔软。天快要黑了，红云被黑天吞噬了一大半，剩下的红云组成了一只腾飞的凤凰，在天空中变成了一道独特的风景线。

　　云，变幻无穷的云，美不胜收的云，神秘莫测的云。

天空调色板

杨昭娣

早晨，我推开窗，就看见橙色和白色相间的云。大块大块的云把太阳遮住了，太阳光从云的边缘透出来，就像画家用一支金色的笔精心勾画的水粉画，云的周围射出一道道光柱，如梦境一般，又如钢琴家轻快的手把音符从琴键里弹奏出来似的。

中午，我在学校看见了一条又细又长，像白色哈达一样的云。在蓝色的天空中，显得格外耀眼，看着这云，我好像听到了由近而远的轰轰的飞机声。

傍晚的云又不一样了，在橙红色里又混合了一些黄色。我拿着调色盘怎样也调不出这样美的颜色，这让我想起去年和爸爸妈妈在普吉岛的大海上，一边钓鱼，一边看着海面上的晚霞。橙黄色的云朵映在海面上，我已分不清哪里是海，哪里是天。橙黄色的云朵映在每个人的脸上，身上，也映在了我的心里。云千姿百态，有的像棉花糖，有的像四散的冰块，还有的像农家烟囱里轻轻冒出的炊烟。

我爱夏天的云。

白　云

江知白

　　看，白云多漂亮啊！有的像甜甜的棉花糖，感觉闻起来香香的，碰起来软软的；有的像川流不息的白色汽车；有的像人们经常穿的白衣服；有的像沉甸甸的白色水桶；有的还像白色城堡，里面住着白雪公主……各种各样的图形白云都摆出来了，还有的像凶猛的鳄鱼，在吓唬人呢！

　　看，小孩儿出来了，孩子们看着美丽的白云，还做起了白云的游戏呢。看，树林里的小鸟也出来了，它看见洁白美丽的白云，好像在说："看，多么美丽的白云啊，我一定要叫我的家族一起去天上看看那些白云。"看，白云上面又摆出了一个图形，看着像笑脸，白云们好像在说："欢迎小鸟，欢迎小鸟，欢迎小鸟来到我们这里参观。"

　　白云还自由自在地在天空中飘着，一个一个飘到小鸟面前，好像就在给它们展示自己的图形呢，小鸟们看着看着，都想去碰了。看，有一个小鸟偷偷地过去了，没碰着，风一吹，白云一下子就散了，散到别的白云旁边变成更美更好的图形。

　　白云也有缺点，等到它们变成乌云的时候，天就要下起大雨，哗，哗！还会产生雷电，轰，轰，轰！下雨会给那些可爱的小花们、大树、小草补充水，让它们喝饱水，所以我们的白云也是有优点的。

不管怎么说，我们的朋友白云是永远存在的，我们每天都能看到洁白又美丽的白云。每天早上，大家刚从沉睡中睡醒，看到白云飘在天空中，心情不由得美丽又自由！

我 的 家 乡

杨宇川

我的家乡在湖北麻城。

"借问酒家何处有，牧童遥指杏花村。"现在让我来说说我家乡的满是杏花的小村吧。每到开花时节，茂盛的树枝上开满了白色的花朵。从远处看，那满山的杏花，正如翻滚的浪，又如天上的云，还如冬天厚厚的雪。从近处看，有的一两朵开在枝头，好像在眺望远方；有的三五成群聚在树干中段，似乎在窃窃私语。细看之下，有的含苞欲放，小巧玲珑；有的半开半合，欲迎还羞；还有的全开了，娇柔欲滴。微风过处，树枝"唰唰"地响成一片。

我的家乡还有特色小吃。别的不说，就说说米酒吧。家乡的米酒没有四川火锅那么辛辣，也没有广东砂锅粥那么清淡，它的味道是那么的适宜，浓之一分则嫌烈，淡之一分则嫌乏。米酒是用蒸熟的糯米拌上酒酵发酵而成。米酒可以直接烧开了喝，也可以搭配水果一起炖，还可以和鸡蛋一起煮。然而这些都不是我的最爱。我最喜欢煮米酒的时候，放入一些小汤圆，加上鸡蛋花。煮好以后啊，那小颗小颗的汤圆宛如一粒粒半透明的珍珠，圆溜

天空调色板

溜的，亮晶晶的。半透明的"珍珠"边缘，漂浮着黄色的鸡蛋花和白色的糯米，盛在浅绿色的陶瓷碗里，犹如一张精美的图画，让人舍不得吃，舍不得破坏它的美。闻一闻，那轻柔淡雅的香气沁人心脾，瞬间忘却周身的烦忧，绝不会产生一丝的不快。诗人苏东坡，对米酒这样评价："酸酒如齑汤，甜酒如蜜汁。三年黄州城，饮酒但饮湿。"

我的家乡虽然没有大城市的繁华、喧嚣，但我喜欢它的静谧、朴实。

我爱我的家乡

牛佳佳

我的家乡石家庄，河北省的省会，位于河北省中南部。

要说石家庄的历史古迹，西柏坡和赵州桥是驰名中外的。新中国从这里走来的西柏坡，是一个革命圣地，在那间小平房里，我们仿佛还能看到毛主席和将领们在研究战事。而赵州桥则是一个奇迹，它经过了多次地震，无数次洪水，都没有被打垮，桥面一道道的沟沟壑壑，恰似老奶奶脸上的深深的皱纹，有一首歌曲《小放牛》也印证了赵州桥的经典的传说。

要说石家庄的美食，藁城的宫面是最出名的。不看不知道，一看吓一跳，它已经有两千多年的加工历史啦，以前是专供宫里的面食，所以起名宫面。宫面是细细的、空心的、久煮不烂的、入口爽滑的。而缸炉烧饼则是石家庄另一特色食品，这个长方形、圆鼓鼓的、色泽金黄的小饼子，不仅有酥脆的外皮，还有清香的芝麻，一口咬下去，"咯吱"一声，酥脆的外皮夹杂清香的芝麻立刻占满了我的口腔。它还有另外一种吃法，把烤好的羊肉串塞进去，那就是一个令人眼馋的烧饼夹肉啦。当然美食还有很多，有雪花梨、大枣等，数不胜数。

　　要说石家庄的场馆，我最喜欢去的就是科技馆和文学馆啦。对外免费开放的科技馆是一个让人一玩就能玩一整天的地方，机械传球、小球王国、机器人画像、倾斜小屋等，既可以体验科技的魅力，又让我乐在其中。而省文学馆里，既有古代燕、赵名家名作，又有现代、当代作家的文学经典作品。我从这里知道了，莫言是中国第一个获得诺贝尔文学奖的作家，以后我也要拜读他的经典作品。

　　我爱我的家乡，我爱石家庄。

美 味 成 都

胡伟涛

我的家乡在成都，成都是个万紫千红、景色迷人的地方，有很多美食，其中最著名的就是火锅。

成都火锅有麻辣锅、清汤锅，还有一半清汤一半麻辣红汤的鸳鸯锅，清汤锅的汤白如牛乳，麻辣锅的汤红得像火，鸳鸯锅像八卦图。每种火锅里面的调料又各不同。麻辣的火锅，辣椒、花椒浮在一层红亮亮的油上面，快要煮开的时候，锅里"咕噜咕噜"冒小泡泡，泡泡越变越大，这时候辣椒围着花椒转，花椒围着辣椒转，像一群群跳舞的小仙子，随着舞步越来越大，辣味、麻味、胡椒味、混合各种香料的香味扑面而来。清汤的火锅里，绿色的大葱、浅红的番茄、深红的大枣也不甘示弱，在乳白的骨头汤里"咕咕咕"地演奏交响曲，坐在周围的人直咽口水。鸳鸯火锅是特制的锅。一口锅分成两半，一半麻辣红汤，一半乳白清汤。喜欢吃辣的和不喜欢吃辣的朋友可以坐在一起享用美食。

这就是我的家乡——成都，一个充满美味的城市。

美丽的黄浦江

崔羽嫣

昨天晚上，爸爸妈妈带我夜游了美丽的黄浦江。

晚上是黄浦江最美的时候。只见波光粼粼的水面上，几艘轮船轻轻划过，留下了一道一道的波痕。"咔嚓"，我举起相机，为一艘大船与东方明珠电视塔合了个影。我一看到我拍出来的照片，就不禁"哈哈哈"地笑出了声来。这张照片很巧妙，因为那艘船的甲板上有一片地方很空，什么东西都没放，而东方明珠电视塔正好在这个位置。看吧，东方明珠电视塔这么漂亮，连轮船都想带走它。对面除了高耸入云的东方明珠电视塔，还有不停变换着颜色的霓虹灯。它们的颜色都很鲜艳，红的、黄的、紫的、绿的……不像天空一样只有黑色。水中倒映的却不是这美景，而是上海的繁华、游客的欢笑，还有上海人民的幸福生活。"咚——咚——"旁边的钟楼像鼓一样敲响了，浑厚而严肃。美丽的黄浦江，江边的建筑，还有浑厚的钟声，形成了一道美丽的风景线。

黄浦江是上海最美的一条江，它也不输于其他地方的任何一条江。它永远是我们上海人的骄傲。

有那样一抹色彩

张秀文

　　生活中的很多事，就像海洋里的一朵浪花，短暂出现后就消失不见。

　　一个寒冬悄然降临，每一次呼吸都伴随着白气，迅速上升。就是在那一片朦胧中，一个红色的小身影出现在我眼前。

　　白气散尽，我才看清了眼前的事物。

　　原来是一个身穿大红色羽绒服的小姑娘，那羽绒服显然不是为她买的，比她娇小的身子大太多了，一直垂到膝盖，袖口已经磨破，脸色冻得毫无血色，头发简单地扎个马尾挂在脑后，此时也被风吹得飞舞起来。

　　"您……要买花吗？"她走到我面前，小心翼翼地问道，声音有些颤抖，也许是被冻的吧。刚想拒绝，这幅场景使我想起《卖火柴的小女孩儿》中的情节，拒绝的话深深卡在喉咙里，化为一阵白色随风而去。

　　重新开口，已成了询问价钱的语句。

　　她的脸稍稍红润起来，换成了满面笑容的表情，尽管她还是被冻得瑟瑟发抖。

付了钱，我的手中多了一支娇艳欲滴的红玫瑰，火红火红的，与她那不合身的羽绒服遥相呼应。我并不知道买下这支花可以用来做什么。对花而言，只是换一个人拿着罢了，可对那个小女孩儿而言，是一顿丰盛的晚餐。

她走了，穿着大红色的羽绒服，拿着大红色的玫瑰，又要去问其他人。也许会被拒绝很多次，但总有人会买下她的玫瑰，给予她一抹在寒冬里的温暖。

因为有那一抹色彩，使我在寒冷里如此温暖。

剥 莲 子

王少杰

今天我知道了工作辛苦，钱也很难赚，因为今天我去剥莲子了。

当我去时哥哥已经剥了一大桶的莲子了，我往四周一看，除了莲蓬还是莲蓬，眼睛里也全是穿了马甲的莲子。莲蓬像我们洗澡用的花洒，莲子就像一个个花洒里面的水宝宝，穿上马甲就是莲蓬啦！我用指甲把莲子外面穿的绿马甲给去掉，露出了绿色的小莲子，它们大约有一枚一角的硬币那么大。然后我再把剥出来的莲子放到一个小脸盆里，发出来"咚咚咚"的声音，就像是水宝宝在跳水一样。

剥了一会儿，我的指甲开始痛了，哥哥说我的方法不对，接着他拿起一个莲蓬，在桶的边上刮了几下，把莲子头上的硬壳全刮了，这样就不扎手了。再用手掰，把莲蓬掰碎了之后，从里面把一个个小莲子摘下来就可以了。我也觉得这个方法更轻松了，可是我的手还是生疼生疼的。过了一个多小时后，上午的工作结束了，对我来说这真是一场灾难呀！虽然是灾难，可是只要掌握了轻松的方法就可以离开重灾区。

天空调色板

　　这天我剥了一盆莲子，只赚了九元，虽然赚的钱不多，但是让我感受到了赚钱的辛苦。干完活，我剥开一个莲子外皮，吃了下去，感觉这个莲子比任何时候吃到的都要甜。

我不愿长大

贺　菱

成长，一个必须经历的阶段。曾经的我，傻傻地追求长大，而如今，却执着地不想长大。

或许长大要意味着独立。一个人去面对所有事情，不能逃避的责任，让我这颗小小的心脏有些承受不住如此大的重量。想起这些，心不由得慌了起来。

长大意味着坚强、不能放弃的一种意念，在心中有着重要地位。天塌下来，没有父母的支撑，只有自己去面对、去解决、去战胜，想到这一切未知的挑战，久而久之，心中便会多了几分惆怅与不安。这种情感，很复杂，很混乱。因此，我不愿感受这五味杂乱的情感，想想就很痛苦。

或许长大意味着孤单。就像鸟儿那样，长大了，就要离开父母，去很远的地方，磨炼自己，使自己变得更加强大。不舍与思念必在这其中变得愈加强烈。小小的我不想体验这种滋味，这种心痛的滋味。

或许长大意味着承担。其实，现在的我们也在承担着责任，但相比长大后，那我们现在承担的责任真的不算什么。因为在这个大千世界中，我们在长大后要承担太多太多。随着时间的流逝，内心定会因承担太多而产生出一种情感，叫无助，茫然地面对问题，不知该如何是好。我不想体验这种可怕的情感。

　　生命的四大部分：诞生、成长、繁衍、死亡，缺一不可，长大在其中。也许我不愿长大，但总有一天，我终究会长大。

美丽的小树林

朱　枫

夏天，我经常去的地方——小树林，它在我家乡母亲河的旁边。

小树林，树木茂盛，品种繁多，有高大挺拔的杨树，婀娜多姿的柳树，四季常青的柏树……它们的树干，有的粗如成年人的腰身，有的细如孩童的胳膊。一阵微风吹来，不管树木是粗的还是细的，瞬间都变得活力四射，听，那"哗哗哗"的唱歌声，"啪啪啪"的节拍声，是世间最美妙的旋律。

整个林子最具特色的便是榆树了。榆树枝繁叶茂，他们有的直冲云霄，有的则斜斜地伸向母亲河的上方，似乎在保护水源不受污染。细看之下，粗壮的树干布满了裂纹，如同老人满是皱纹的脸，这是榆树饱经风霜的见证。榆树上的果实成串地垂落下来，像小姑娘的麻花辫，一条条地在微风中轻轻舞动。

金灿灿的阳光透过树叶，熙熙攘攘地洒下来，斑斑驳驳，粼粼点点。我拿起树枝在地上描绘着阳光的轮廓，它们一会儿是心形的，一会儿是菱形的，一会儿又是圆形的……就像调皮的小精灵，不停地变来变去，我怎么描也描不完。

　　小树林里静悄悄的，只有那树上的知了在不知疲倦地喊着"热啊，热啊"。偶尔也会看到几个调皮的男生冲进树林追逐打闹，一会儿又跑远了，他们银铃般的笑声，一划而过。细听，远处传来一阵阵笛声，轻灵而又绵长。各种声响交织成一首动人心弦的乐曲，那是对小树林的热爱，对夏天的赞美。

　　小树林旁边是家乡的母亲河，它似一条银白色的绸带，一直飘向远方。阳光下，河面波光粼粼，熠熠生辉。河水清可见底，底下黄灿灿的沙子、圆溜溜的鹅卵石，尽收眼底。母亲河是伟大的，它孕育着家乡的一草一木，一人一物。母亲河是寂静沉默的，不！它是无声胜有声，它流出了自己不屈不挠的精神，流出了对家乡人民的贡献。它流啊流啊，一直流进了我的心里。

　　树林，阳光，蝉鸣，母亲河，皆是我心中永恒的风景。

那一抹醉人的绿

邓振廷

夏日炎炎，人们早已热得不是个样子了，伴随着他们的是烦躁的脾气，但是有一抹色彩却伫立在那里，那就是活力无限的绿。

酷爱植物的妈妈，在家中养了七八盆绿色植物。起初，我只是认为它可以净化空气，但现在看来似乎不光是这样。

因为它还可以启迪心灵、净化心灵。在酷暑难耐的夏季，人们在家托着那沉重的身子，缓慢移动，仿佛懒散吞噬了他们。偶然间的一个不经意，抬头看见了那一抹绿，那一抹带有无限意味的绿。那时，夏日的酷暑好似被绿的威力震慑住了。

那一抹绿好似一棵大树，一片森林，为我在炎热的夏日遮蔽阳光，抵挡酷暑；那一抹绿好似一位长者，教导着我要静心思考，沉稳做事；那一抹绿好似一股清凉，滤过心田，冲走污垢。

从此，那一抹绿在我的生活中便有着不可缺少的地位。闲暇时，看一看它，就仿佛找到了生命的真谛；不安时，瞧一瞧它，就仿佛心情得以平复；迷茫时，望一望它，它便会给我心中最纯的想法。

或许，那一抹绿色在他人眼中，只是一抹单纯的色彩，但在我眼中、心中，它是经过升华的思想精神，已渐渐地成为我的信仰。

别 样 的 美

张 俊

夏天的夜晚，我坐在门前纳凉。

抬头仰望天空，只见天空就像干净的海面，湛蓝，纯洁。月亮就像玉盘，它周围的星星就像镶嵌在空中的一颗颗美丽珍珠，闪着光，好像顽皮的孩子眨着眼睛。皎洁的月光，从厚厚的云层里钻出来，把万物照得发亮。小草微微地低下头，好像沉睡在甜蜜的梦乡里，只有蛐蛐儿在扯着脖子鸣叫。有几只萤火虫飞进院子里，飞到我的面前。它们发出的光点缀着漆黑漫长的夜，特别好看，如同天上的繁星，那么明亮，那么美丽。

农村的夏夜是宁静的，四周寂寥无声，也只有这个时候，才可以去感受农村夏夜的美，领悟一番别样的滋味。

美丽的朝霞

唐子茸

美丽的朝霞，就像少女彩色的纱裙，把天空装扮得如此奇妙！看朝霞是一件有趣的事。清晨，我打开窗户，抬头望着天空的朝霞，观察它的奇妙变化。

你看，它把白云变成火烧云的样子。把屋顶照红了，把小猪照金了，也照得老爷爷的胡子变白了，惹得老爷爷"咯咯咯"地笑了。

它又变成孙悟空大闹天宫的样子，一转眼，正要吃桃子的孙悟空却不见了，周围的桃树和桃子也随之不见了，一阵风拂过，一股温暖的气息钻进我的身体，真是舒服极了！不一会儿朝霞把太阳用手托出来了，我伸出手，朝霞的光温柔地射在我的手心里，暖暖的，就像在妈妈怀抱里一样温暖。

此时，太阳的光芒把它衬托得更加美丽了，朝霞摆动着优美的舞姿，在天空中飘荡。我低头望去，地上的小草也被照得金灿灿的，就连看朝霞的我也被照得脸上挂满了暖洋洋的笑容。

朝霞照出的不仅是笑容，也照出了我的喜悦，照出了新一天的开始，照出了妈妈对我的期望，照出了我的开心和发自内心的高兴，还照出了精彩的人生。

好 地 方

赵 锋

"我的家乡在新疆，新疆是个好地方……"随着这首歌，让我向大家介绍一下我美丽的家乡——新疆。

新疆风景优美，景色宜人，瓜果飘香，那晶莹剔透的葡萄、香香甜甜的哈密瓜、酸中带甜的草莓、火红的石榴、库尔勒的香梨、和田的大枣等，让人一想就流口水。我最喜欢的是哈密瓜，它那淡绿色外皮上包裹着一层网，像是从蜘蛛小姐那儿借的一件外衣，还散发出浓浓的香味，摸上去有许多凹凸不平的线条和花纹，又像是从空中飞来的一只鸟蛋，显得更加神秘。切开哈密瓜时一股清香扑面而来，杏色的瓜肉呈现在你面前，能馋得你直流口水。你若是咬上一口，哈密瓜的汁就顺着你的嘴角流出来，那种又香又甜的味道沁入你的心脾，定会使你回味无穷。当你看着这些水果，你就会感觉它们在开会，个个你争我抢，各有姿态地讨论着谁先进入主人嘴巴，让人吃得赞不绝口！

新疆的美食也非常出名，而且种类多，很丰盛。有烤包子、烤羊肉串、馕、抓饭、拌面、大盘鸡等，我最喜欢的是烤羊肉串。烤羊肉串的外形很像冰糖葫芦，这样的烤肉串通过炭火烤制散发出浓烈的肉香味，你若是轻轻地咬一口，烤羊肉串里的油就会沾满你的嘴唇，很有嚼劲，你会越吃越香，根本停不下来。这么多的美食汇聚在一起真是让人大饱口福。羊肉串的香、馕的脆、拌面的滑、大盘鸡的辣都会让我的食欲大增，真想一口气把所有的美食都尝个遍。

经过我的介绍，你一定迫不及待了吧，那就来我的家乡新疆玩玩吧，新疆人民欢迎您！

天空调色板

神 奇 的 云

赵丽娜

    午饭后，我躺在阳台的沙发上望着天空的云彩，它那么美丽，那么神奇……

    记忆当中的云是那么快活，我躺在温暖的草地上，抬头望着天空的云彩，想起中秋的传说。看，那是嫦娥姐姐带着玉兔在为过中秋节的人们做月饼呢！再看那片云彩，是七位仙子提着花篮也来为中秋节庆祝，并向人间洒下了美丽的鲜花。此时，月亮也更加自信了，平时坐着小船，今天却像个大圆盘，更加明亮了。我们吃着嫦娥姐姐做的月饼，借着月光欣赏着七仙女的鲜花，心里愉快极了。

    于我而言，云，像一座房子，而且不时地变换着形状，不一会儿就变成了王宫，让我想象自己成为公主，穿着华丽的衣裳，站在王宫的花园里，跳着优美的舞，花园里五颜六色的鲜花随着微风的拂动都在为我频频点头呢，我快乐无比，就这样一直想下去……当我回过神时，这片云却看不见了。

    在我心里，云很神奇！时常变换着自己的形状，穿着不同的服装出场，生气的时候就穿着黑灰色的衣服，把整个天空都变得灰蒙蒙的；高兴的时候就穿着白色的裙子在天空中炫耀，就连太阳公公也跟着出来比美，地上的花花草草露出了笑脸，我的心情也高兴了起来。

云真是一幅美丽而又神奇的画。

夏 之 夜

吴 婕

当天边抹去最后一片红红的晚霞后，夜晚就要来临了。

这时天色渐渐由蓝色变成深蓝色，天空中会不时冒出小白点来，一会儿西边出来一个，一会儿东边又出来一个。天色越暗，白点越多，就像是广场上聚会的人群一样，不大一会儿工夫就满天亮晶晶。马路两边的路灯也不逊色，像在和天空比试一样，不一会儿一排排亮闪闪的钻石摆在人们的面前。

夜晚有星光和灯光的点缀，显得一点儿也不可怕，反而热闹起来。在空调房里待了一天的人们，会陆陆续续地从家里走出来，来到湖边散步，湖边的人越集越多，比湖边的蚊子还要多。这时蚊子的"嗡嗡"声会被"啪啪啪"的拍打声替代。隔三岔五还会传来大人的"嘎嘎嘎"的欢笑声和孩子"哦哦哦"的欢呼声。湖边的青蛙在这种氛围里喜欢三五成群、拉帮结派地开派对，"呱呱呱，呱呱呱……"一阵比一阵高。草丛里也不安静，不时发出各种不同的虫鸣。

真是热闹极了！我喜欢夏天的夜晚。